新自由主義教育からの脱出

子ども・若者の発達をみんなでつくる

ミカリス・コントポディス 著
北本遼太・広瀬拓海・仲嶺真 訳

新曜社

アンケ、アマンダ、アンナ、バーバラ、ベレニケ、クリス、デヴィッド、フロリア、フィリップ、レインハード、ロベルト、ロナルド、リカルド、セラーレ、マレー、ヴェロニカ、ヴィンフリード、そしてドイツ、アメリカ、ブラジルでのフィールドワーク中の日常生活、経験、関心を共にしてくださったすべての教師と生徒への連帯を込めて。

Neoliberalism, Pedagogy and Human Development
Exploring Time, Mediation and Collectivity in Contemporary Schools 1st edition
by Michalis Kontopodis

謝　辞

　過去7〜8年間、この研究を完成するにあたって支援してくださった、まった
く異なる場所の多くの方々に心から感謝している。まず、ドイツ、アメリカ、ブ
ラジルの先生方、生徒の皆さんには、私が学校や地域コミュニティで調査をして
いた間、信頼し、受け入れ、助けていただいたことに大変感謝している。彼らな
くして、本書は実現しなかっただろう。この本を、彼ら、そして私の指導学生も
含めて、さまざまな方法で「未来のために闘う」すべての教師と生徒に捧げる。

　本書は、私の理論的・認識論的・方法論的思考に多大な影響を与え、触発して
くれたマリオス・ポウルコス、ディミトリス・パパドブロス、マーティン・ヒ
ルデブラント＿ニルソン、クリストフ・ウォルフ諸氏による支援と継続的な激励、
助言がなければ、完成しなかっただろう。特にヴィゴツキーについて教えてくれ
た、ベルント・フィシュテル、ニコライ・ベレソフ、マリアン・ヘデガード、ハ
リー・ダニエルズ、そしてアンナ・ステセンコに感謝したい。

　ニューヨーク市立大学とニューヨーク大学、サンパウロ・カトリック教皇庁立
大学、リオ・グランデ・ド・スール連邦大学にそれぞれ客員研究員として招かれ
たときにホストとなってくれた、アンナ・ステセンコとレイナ・ラップ、そして
マリア・セシリア・カマルゴ・マガリャエス、フェルディナンド・リベラリ、ク
ラウディア・デイヴィス、ワンダ・マリア・ジュンケイラ・デ・アーギア、ヨハ
ネス・ドールに感謝する。客員研究員となったことは、私にとって、大変充実し
た学術的交流の経験であった。

　土地なし農民運動の定住地での私の研究活動は、エスピリトサント連邦大学の
エリニュ・フェルステとゲルダ・マルギット・シュッツ＿フェルステの支援と助
言がなければ成しえなかっただろう。*educação do campo* について行っている研
究協働と議論は、私にとって常にインスピレーションの源となっている。

　2010年からモスクワ大学心理・教育学部の文化歴史的心理学に関する博士課
程夏季大学に外部コーディネーターとして招いてくれた、ヴィタリー・ロブトソ
フとアルカジイ・マーゴリスに格別の恩を感じている。そこで、本書に反映され
ている文化的−歴史的心理学に関する深い理論的議論を行うユニークな可能性を
得た。

　私は、フロレンティーナ・カメリーニ、アンナ・クロナキ、マリア・ジョゼ・コラキーニ、マノリス・ダフェルモス、アナ・ロペス、マーシャ・アパレシーダ・アマドール・マシア、クリスティアーナ・モロ、ナタリー・ミュラー・ミルザ、ヨハンナ・モツカウ、モルテン・ニッセン、アナ・スモルカ、アーネスト・シュラウブ、エストリッド・ソレンセン、ナターリア・ウラノヴァ、クリストス・ヴァルヴァンタキスら同僚と友人たちに特に感謝を述べたい。諸氏は、本書に至る執筆と研究の各段階で支援してくれた。

　また、本書の改訂版（2021〜2022）を細部まで丁寧に日本語に翻訳してくれた仲間たちにも特に感謝したい。本書の日本語版は、北本遼太、広瀬拓海、仲嶺真の根気強い継続的な努力なしには実現しなかっただろう。

　また、トレランス教育財団、フリーダムライターズ財団、ブロードウェイ・ブックス、ランダムハウスには、本書の第3章の分析のために以下の書籍の一部の使用許可をいただいたことに感謝したい。Gruwell, E.（1999）. *The Freedom Writers Diary: How a teacher and 150 teens used writing to change themselves and the world around them*. New York: Broadway Books.

1. 第1章は、以下の論文の一部を使用している。Kontopodis, M. (2007). Human Development as Semiotic-material Ordering: Sketching a Relational Developmental Psychology. Outlines: Critical Social Studies, 2, 5-21. open access: http://ojs.statsbiblioteket.dk/index.php/outlines/article/view/2082 （2012年11月11日アクセス）
2. 第2章は、以下の論文の一部を使用している。Kontopodis, M. (2009). Documents' Memories: Enacting Pasts and Futures in the School for Individual Learning-in-*Practice. Memory Studies, 2*(1), 11-26.
3. 第2章と第3章は、以下の論文の一部を使用している。Kontopodis, M. (2011). Transforming the Power of Education for Young Minority Women: Narrations, Meta-Reflection, and Societal Change. *Ethos, 39*(1), 76-97. および、Kontopodis, M. (2011). Enacting Human Developments: from Representation to Virtuality. In M. Kontopodis, C. Wulf & B. Fichtner (Eds.), *Children, Development and Education: Cultural, Historical, Anthropological Perspectives* (pp.185-206). Dordrecht: Springer.

　しかしながら、本書に示す議論は、上記の諸論文とは異なる方向に進んでいる。

本書は具体的な生徒たちの事例に焦点を当てているが、上記の論文は学校の制度的・組織的な問題に注目している。**発達**の概念に関する認識論的な論点、および学校における時間と記憶の組織化に関する疑問に関心のある読者は、上記の刊行物に当たってほしい。

目　次

　　　　　　　　　　　　　　　　　　　装幀＝新曜社デザイン室

序章　未来を見つめて

序幕
―― 「一緒にショッピングに行こう」[訳注1]

　やぁみんな、今日は私の寮の部屋のものを「一緒にショッピング」に行く動画を撮影しようと思っているよ。だって、みんなも知っているように、私は大学に行くし、寮の部屋のものを買いに行く必要があるし、それでとってもワクワクしているの。みんなも私の寮の買い物に付き合ってね。もうすぐTJマックスにつくよ、今駐車しているところ。だから心配しないで、そう、何か探しに行くから、みんなも一緒に連れてってあげるね。さぁ出発！（0.00-0.45分）

　YouTubeのvlogの冒頭のシーンから抜粋したこの短い一節で、車の中で一人の若い白人アメリカ人の女性が手持ちカメラで自分を「自撮り」スタイルで撮影しながら、視聴者に直接話しかけている。この動画の説明欄によると、彼女は18歳である。ブロンドのロングヘアで、軽く化粧をしているように見え、中間色のグレーのトップスを着て、ビルケンシュトックのサンダルと金のネックレスを身に着けている。彼女のスタイルは若者らしく、洗練されている。彼女はもうすぐ大学生になる予定だと自己紹介し、この動画の重要なアイテムである自分の車を運転している。車内は小奇麗でまだ新しく、適度な高級感を醸し出している。彼女の外見、乗っている車、店の選び方から、彼女の上流中産階級の背景がうかがえる。

　「一緒に寮生活用の買い物に行こう」と題されたこのvlogは、全部で8分36秒の長さで、この若い女性が実家から離れ、大学の新入生としての生活を始めるのに備えて、新しい寮の部屋に置くものを購入するためにあちこちデパートに行く様子が紹介されている。動画の冒頭部分（0.04-0.13分の間）では、このvloggerのSpotify、Twitter、Instagram、VSCOアカウントなどのソーシャル・メディアのハンドルネームが画面上で宣伝される。この若い女性は、大きな声で話し、視聴者に対して、自信にあふれ、陽気で、時に大げさな態度で話しかける。彼女はたびたびカメラに向かって満面の笑みを浮かべながら話し、動画の大部分を通

1

して、朗らかな立ち振る舞いを続けている。

　彼女の外見や立ち振る舞いの性質、そしてさまざまなソーシャル・メディアのハンドルネームの宣伝を考えると、このアクターは一種の「インフルエンサー」のペルソナを引き受けている。彼女の自己提示を通して、ショッピングや部屋の装飾に興味のある若い（主に女性の）視聴者を引き付けようとしていることが推察される。さらに、ある種の視聴者は、このアクターが提示する魅力的でありながら親しみやすいイメージを仰ぎ見ていることが想像できる。実際、彼女は身だしなみを整え、スタイリッシュで、このような大きな買い物に行けるくらいに経済力があるにもかかわらず、彼女の服装はカジュアルで気取っておらず、訪れる店（TJマックスなど）も、一部のソーシャル・メディアのインフルエンサーが見せびらかしているような豪華で高価なブランドではなく、適度な価格の量販店である。この点は、中流層の視聴者への彼女の訴求力を確実に高めている。

　このYouTubeのvlogと、この動画が投稿されているファッションと美容をテーマにしたYouTubeチャンネルは、学習や教育に関連する大学生活については一切触れていない。冒頭の文章にあるように、この若い女性は「寮の部屋のものを買いに行く必要がある」し、彼女は「そのことでとってもワクワク」している（0.00–0.45分）[1]。それ以外に若い女性が自分のために何を望むだろうか？実際私には、このようにスタイリッシュにデザインされたYouTubeのvlogが約束する興奮は、中流階級の、むしろ個人化された、都市のライフスタイルがもたらす消費の興奮だけであるように思える。

　彼女の住んでいる場所ははっきりせず、開示されていないが、彼女が訪れた店はアメリカのほとんどの地域にあるものである。言い換えれば、この動画内にはローカルな文脈は見られず、地域コミュニティの歴史、日常生活、将来の見通しへの言及はほとんどない。このvlogは、「非－時間」の経験を提供する「非－場」で起こっている。原理的には、上記に抜粋したセリフは、アメリカ全土に限らず、ロンドン、ベルリン、東京、サンパウロ、ニューデリーなど、どこの中産階級の若い女性でも話すことができる。

新自由主義

　アルジュン・アパデュライの革新的な本『さまよえる近代――グローバル化の文化研究（*Modernity at Large: Cultural Dimensions of Globalization*)』（Appadurai, 1996）がインドの辺境の山間部の村の住人でさえ、ニューヨークや

ハリウッドの生活を夢見ると述べてから、すでに25年以上経っている。メディアのイメージは以前よりずっと簡単に世界中を駆け巡り、映画やコマーシャルを見たことがない人がいたとしても、その人も移民や彼の親類が語るそこでの生活の様子を聞いたことがあるだろうと彼は論じた。アパデュライは、人びと、情報、イメージ、資本が、どのようにある場所から他の場所へと、かつてないほど大量に流通し、世界を相互に連結した全体へと転じさせたかを描いた。

数年前に、調査目的 [2] でブラジルのエスピリトサント地方のグアラニーの先住民族を訪ねたとき、彼らは近代的な技術を使っていない土と木でできた家に住んでいるにもかかわらず、テレビとアンテナ線の電源を得るために中央の通りの街灯から電気を取っていた。同じことが、他の田舎のコミュニティ中で起きていた。土地なし農民運動でも同じで、そのラディカルな運動と学校については第4章で詳しく述べる。私がアパデュライの分析の妥当性を実感したのは、このような場所 —— それはある意味で、上記のYouTubeのシーンにとても近いように思われる —— においてであった。

アパデュライが描いた相互に連結された世界 —— あるいは、マイケル・ハートとアントニオ・ネグリ（Hardt & Negri, 2000, 2004）が提唱した「**帝国**」—— は、主に二つの傾向によって特徴づけられると言える。(a) 成功と消費への欲望 —— 楽しさ、共有、創造ではなく、モノ、サービス、非物質的な商品、人でさえも**消費**すること。(b) 成功とこれらのすべてのモノ、サービス、商品にアクセスし、自分のものにし、消費することの不可能性（Bauman, 2007; Gill & Scharff, 2011; Giroux, 2009）。これらの商品のコマーシャルやその他のイメージがまばゆくなればなるほど、これらの商品にアクセスし、消費できない人びとは、さらに排除され、周縁に追いやられたように感じる。不安定で、使い勝手が良く、安価な労働力、社会保障基金の減少、そしてそれゆえの**消費能力の欠如**は、この文章を書いている間にも、多くの西洋のメディアが語るような、いわゆる経済・社会全体[訳注2]・そして／あるいは生態の危機を特徴づけている（Bauman, 1997, 2003参照）。

世界中に広がっている支配的な傾向としての**消費への欲望**は、より深い、より目立たない、**倫理的ー政治的**危機もまた示している [3]。それは、倫理的ー政治的原理の危機（利他主義より個人主義、連帯より競争、平和と協働より敵意、異種性より同質性）を示し、どんなかたちの階層のない集合的な組織もほぼ不可能にする [4]。本書は、資本主義経済がその根幹を脅かす深刻な危機（とりわけ消費の危機）にある一方で、消費への欲望が生活のあらゆる側面に（想像力にさえ）浸

透し、この危機から逃げることも、打ち勝つことも不可能と思われる、きわめて重大な時期に書かれた。これらの矛盾した傾向は、私の考えでは、**新自由主義**と呼べるものであり、このように、最も多様な場所や文脈を**横断して**、文字どおり生活の**あらゆる**領域に浸透している完全に破壊的なプロセスなのである（Zizek, 1997, 2011 参照）。

新自由主義と教育

　成功と消費への欲望と、ほとんどの場合**成功と消費の不可能性**によって組織された、相互に連結された地方と都会の領域で、子どもたちや若者たちはどのように成長していくのだろうか？　このような文脈の中で、教育はどのように組織されるのだろうか？　上記の経済的、社会全体的、生態的、倫理的－政治的危機から逃れる道はあるのだろうか？　どこに、そしてどのように？　教育は子どもや若者が、新しい、そして（より）成長できる生き方を創造するのを、どのように支援できるのだろうか？　異なる未来をどのように想像できるだろうか？　想像力さえも新自由主義によって奪われてしまった文脈において、教育心理学、そして教育理論、教育科学は、どうありうるのだろうか？

　これらの疑問は、未来全体がリスクにさらされている今日の若者 ── **コロナ世代** ── に言及するとき、いっそう重要である。COVID-19は、不幸なことに、今日成長するすべての子どもと若者の困難を増加させた。COVID-19の感染拡大は、資金不足の教育と福祉システムだけでなく、不安定な生計、貧困、失業率の上昇、強制的な移住、世界各地の暴力といった面で、長期的な影響を与えるだろう。

　同時に、「次世代」のための多くの教育プログラムの主な目的は、効率的に求職者や被雇用者を生み出すことであるように思われることが多い。この目的に向けて若者の発達をコミュニケーションし、秩序づけ、方向づけ、安定させる（すなわち、発達を**なす**）まったく新しい一連の実践がある。中等学校はますます労働市場と密接に相互に結びつくようになり、生徒の発達は、職業教育、専門的志向、求職スキルの開発といった観点から考えられている（Daniels, 2011 参照）。教育がますます民営化され（Macrine, 2009）、社会保障費が削減される（Rose, 1999）と同時に、周縁化された若者と若年成人は、制度化された直接的な指導に頼らずに、自分自身で教育機関から別の機関へ移行し、日々の生存を管理することがますます期待されている。ニコラス・ローズは次のように書いている。

市民権は、基本的に国家との関係や一様な公共圏の中で実現されるのではなく、
　　多様で分散的なさまざまな私的、企業的・準企業的な実践に積極的に関与する
　　ことを通して実現される。労働と買い物はその典型的な例である。(Rose, 1999,
　　p.246)

　この文脈の中で、学校と教育プロジェクトはしばしば、自分自身や過去の成績、
将来のキャリアについて省察する指導的な実践に生徒たちが取り組むように促す。
こうした実践は、自立と自己規律を高め、また通常は就職市場と関連する、具体
的な目標の達成への方向づけと動機づけを高めることを目的としている。しかし
この種の省察は、周縁化された若者が予期せぬ妊娠、ホームレス、人種差別など
の複雑な日常的状況に対処し、社会全体の改善に積極的に参加することを支援す
るのか、またどのように支援するのか、という疑問が生じる。
　以下の諸章で見ていくように、「省察」、「教育」、あるいは「発達」は、自然の
プロセスでもなければ、中立的な概念でもない。それらはしばしば、個人主義、
成功、競争といった新自由主義的な価値を暗黙のうちに再生産している。しかし、
学校心理学や教育心理学、学習に関する教育科学の研究の大部分は、それが行わ
れるより広範な新自由主義的文脈を明示的に考慮していない。多くの研究は、観
察された現象や相関関係が生じるより広範な文脈を考慮することなしに、少数の、
直接的に観察された変数同士を相互に関係づけている (Pressley & Roehrig, 2003
参照)。
　しかし、上記したような消費の欲望と不可能性の矛盾に囚われていると生徒が
感じるとき、「教育」と「発達」はどのようなものでありうるだろうか？　学校
での失敗、若者の暴力、逸脱行動の増加は、非常に直接的なしかたで、新自由主
義時代における教育の行き詰まりを目に見えるものにしている (Giroux, 2009)。
　本書『新自由主義教育からの脱出』は、この矛盾に打ち勝つための方法は過去
と未来を集合的に再定義することだと論じる。これから見ていくように、若者が、
たとえば失敗や成功といった日常的な経験の歴史性に気づくまさにその瞬間に、
その経験はまったく異なる質を獲得し、非常に個人的な経験として見られていた
ものが、非常に集合的な努力に転換する。集合性の経験は、学習と発達について
の根本的に異なる条件を生み出し、今日のあらゆるレベルの新自由主義の危機か
ら逃れる道筋を開くことを可能にする。

時間、媒介、人間発達

　批判的教育学、批判的、文化的－歴史的心理学、子ども／若者と教育への社会学的・文化人類学的アプローチは、新自由主義的教育のポリティクス、若者の周縁化、教室の相互作用、あるいは教授と学習への急進的アプローチと見なしうるものについて、豊かな記述と精緻な解釈を提供する[5]。それはまた、いかに教育が既存の権力や富の分配を再生産し、白人・男性・中上流階級の人びとに有利に働く一方で、他のすべての人びとを排除するかについても、十分議論している[6]。

　これらのアプローチに従えば、アメリカ、ドイツ——そして現在のブラジル[7]——は世界で最も豊かな経済国に属するが、そこですら、多くの生徒が教育を受けるのに大きな制約があり、低賃金労働者か無職の生活を生涯にわたって強いられるという強い矛盾を強調することができる。この周縁化は、しばしば女性にとっては主婦や家政婦になること、男性にとっては違法行為に従事し、場合によっては両性共にホームレスになったり、精神疾患に苦しんだりすることを意味している。

　本書は、通常相互に関係づけて研究されることのない、異なるレベルの分析をまとめ上げることによって、この一連の批判的研究をさらに発展させることを目的としている。この異なるレベルを交差させる調査の中心となるのは、**時間**の概念である。本書では、過去・現在・そして未来の間の関連は与えられたもの、直線的に組織されたものとしては概念化されていない。過去・現在・未来は決してそのようなものとして存在しているのではなく——存在論的に言えば——、それらは多様な方法で**顕現され**、**行われ**、**組織され**、**媒介され**、あるいは**果たされ**、そして、**相互に関係づけられる**ことができると私は主張する。この考え方に従えば、**可能的**（potential）**発達**——具体的で与えられた未来のバージョンが**実現**されるとき——と、いまだ与えられていない、過去、現在、未来をつなぐ異なる方法が**顕在化**される、**潜勢的**（virtual）**発達**の違いを区別できる。この区別は本書を通じて分析の主要な焦点の一つであり、経験的な例にもとづいて、さらに詳しく説明する。

　本書の執筆は、ソヴィエトの心理学者レフ・セミョノヴィチ・ヴィゴツキーの研究に大きく理論的刺激を受けている。彼の研究は学問の境界を超えたもので、心理学、政治経済学、政治哲学、人類学、芸術、自然科学的議論など、彼の時代のさまざまな領域の議論から知識を得ている。ヴィゴツキーの理論研究および調

査研究、そしてさまざまな委員会や地域ネットワークのメンバーとしての活動は、明らかに政治的で、彼の時代における社会の課題や困難を克服することに捧げられていた。複雑な一連の概念を用いて、終わりのない歴史的プロセスの産物としての人間の主体性の理論、すなわち、歴史によって**構成され**、同時に歴史の**構成要素**でもある、主体性の理論を打ち立てた。

ヴィゴツキーの理論は、異なっているが相互に結びついたレベルの分析をまとめ、**危機**を内包しているが同時に**危機**を克服する、あるいは逃れる可能性を生み出す集合的な生成のプロセスとして、教育と人間の発達を分析する方法を提供している。これから見ていくように、ヴィゴツキーのこれらの概念は、基本的に**時間的なもの**で、これは彼の仕事の中で、これまで十分に議論されてこなかった側面である。ヴィゴツキーの理論的遺産とポスト構造主義のアプローチに依拠して、私は**可能的**発達と**潜勢的**発達の区別を強化し、特に、新自由主義的危機と教育と人間発達が対応すべき今日の課題を考慮しながら、この区別が持つ学習プロセスと発達プロセスを理解する上での示唆について議論する。

方法論と研究フィールド

本書の焦点は、周縁化された生徒と彼らの生存のための日々の奮闘にある。これに焦点を当てるのは偶然ではない。本書『新自由主義教育からの脱出』は、時間、教育学、社会への批判的な理解にもとづいている —— 批判的社会理論、批判心理学、批判的教育アプローチの観点（Holzkamp, 1995; McLaren, Macrine, & Hill, 2010; Papadopoulos, Stephenson, & Tsianos, 2008）から批判的であるが、また、クリストフ・ウォルフ（Wulf, 2003）が、彼の批判教育学理論への歴史的人類学的アプローチの中で定義するメタ省察、あるいはメタ批判の意味でも批判的である[8]。

このような焦点化から、私は2004年以来、ドイツ、ブラジル、アメリカのさまざまな周縁化された場所において、学校内外のエスノグラフィックな参与観察とマルチメソッド研究を定期的に行ってきた。私の調査は、ドイツの都市部にある実験学校における1年にわたるエスノグラフィーから始まった。私は2004年から2005年の全学期、ほぼ毎日そこで過ごした。私はすぐにこの研究を、ドイツ、アメリカ、ブラジルのさまざまな都市の文脈へと拡げ、その後ブラジルの田舎にも拡大した。ブラジルの田舎では、グアラニー先住民族、耕作地を所有する小規模農業従事者、そしてキロンボラスとのフィールドワークを行った（しばし

ば、これらの現地で長く調査を行っていた同僚の研究者たちと協働して行った）[9]。

　私がドイツで調査したさまざまな生徒グループに共通する主な問題は，資金や機会の不足だけでなく，将来的に注目度の高い教育や仕事に関連する活動をすることを妨げる、学校での失敗という彼らの経歴であった。（アメリカやブラジルでもそうであるように）これは社会的流動性を妨げ、生徒が12歳か13歳になった時点から彼らの追跡と分類を容易にするような、公立学校の明確なカテゴリーを作り出す**法的規制**の問題でもある[10]。

　場所の違いを超えて、私が調査に関わったドイツ、アメリカ、ブラジルの生徒たちの多くは、最低限の経済的資源、ホームレス化、アルコールやドラッグの大量使用、予期せぬ妊娠、人種差別、性的差別に関連したさまざまな問題に直面していた。本書で議論のため取り上げたアメリカの事例は、私が調査を始めるかなり前に行われた学校プロジェクトである「フリーダムライターズ」からのものである。それは、カリフォルニア州ロングビーチのウッドロウ・ウィルソン高校で行われたが、私はそれをエスノグラフィー調査する機会を持てなかった。そのため、このプロジェクトについての資料は、エリン・グルーウェルという教師が出版した本（Gruwell, 1999, 2007a, 2007b）と、またウェブページや他の人びとによるレポートなど、一連の他の資料の事後的検討から得たものである。

　そのため、私の方法は、ライフストーリー、エスノグラフィーや他の文書資料、アーカイヴ等の分析を用いた、混合的なものである。ここで中心となっているのは、事例研究の方法論である。これは、「独特」に見える事例でさえも「全体」を反映している、つまり、── 人口統計学的な意味においてではなく、解釈と理論構築を通して ── 一般化しうる質的情報を必然的に伴う、ということを意味する（Simons, 1980）。それでも、私は自分の資料を特定の現場の**代表**（Kontopodis, 2011b 参照）としてではなく、幅広い理論的議論を発展させ、それらを照らし出すための**例**として用いている。

　批判心理学者のクラウス・ホルツカンプは、学習についての有名な本の中で、理論構築にとって事例の選択がいかに重要かを述べ、彼自身、現代文化に適した学習として、シェーンベルグの音楽を聴いた例を挙げている（Holzkamp, 1995, pp.194-205）。私は、批判的エスノグラフィーというアプローチを大きく変更して、自分自身の学習を分析する代わりに、研究中に記録した周縁化された生徒たちの日常生活からとられた事例を記述する。本書『新自由主義教育からの脱出』は、それゆえ具体的な学校や教育アプローチを評価・分析したり、2、3の学校や教育アプローチを比較することを目的としていない。しかし、事例のすべてに

おいて、それが言及する具体的な地域の文脈と実践の歴史についての十分な情報を提示して、事例を位置づけた。特に指摘がない限り、提示した事例は、例外的なものではなく、ごくありふれた日常的な実践について述べている。さまざまなフィールドや研究資料へのアクセスと、データ分析の具体的な手順などの詳細については、付録に記載している。

本書の概要

　私や同僚たちによるこれまでの批判的研究（Kontopodis, 2009b 参照）に続いて、本書では、ドイツ、アメリカのカリフォルニア州、ブラジルのエスピリトサント州の中等学校における周縁化された生徒たちの事例研究に焦点を当てることで明らかとなった教育的実践を検討する。私は、新自由主義的教育と見なしうるものに対して批判的、あるいはメタ省察的立場をとり、それに代わる教育実践を探求する。

　本書の最初の二つの章では、ドイツの実験的中等学校で発達的危機におちいった生徒たちの事例を検討する。この学校は就職市場と強く結びついており、上記した、出現しつつあるタイプの学校教育の代表と見ることができる。この学校では、ソーシャルワーク、教室での授業、職業教育が組み合わされている。第1章では、一人の典型例と、逸脱した生徒たちについての教師の議論に焦点を当て、**自己のテクニックないしテクノロジー**、つまり利用可能な言説の語義[訳注3]、さらにはダイアグラム、質問紙、その他の媒介装置が、新自由主義的な権力関係の中で生徒の発達をどのように形成しているかを検討する。発達的危機は主観的には**個人的ドラマ**として経験されると同時に、より広範な社会的 − 経済的・倫理的 − 政治的な矛盾を反映していることを論じる。

　第2章「『今しかない』── 学校から仕事への移行のための発達的時間性」では、第1章と同じ枠組みで、第1章とは別の生徒の学校生活の最後の数か月を検討する。この章では、この生徒がどのように就職市場に入り、学校で最も成功した生徒の一人と見なされているかについて分析する。この分析は、学校の言説から批判的に距離をとり、どのように、「今しかない」あるいは、「美容師か専業主婦か」という二項対立でこの生徒に選択肢が示され、説明責任を持つ主体として特定の方法で行動するよう促したかを検討している。発達的危機は特定の方法で対処されるだけでなく、学校が就職市場と協調して設定する特定の**テンポ**によっても対応されることを論じる。この二つの章に続いて、短い**幕間**があり、この発達的教

育学が周縁化された生徒たちにもたらす、とりわけ、より広範な新自由主義的危機を考慮に入れた際の困難を指摘する。

続く第3章「フリードムライターズ、カリフォルニア1994〜1998——メタ省察が学校における学習と発達のためのラディカルに新しい発展性をつくり出すとき」は、人種的マイノリティの男女の生徒が匿名の日記を書いたり、あるいは、学校外のグループ活動をしたりといった教育実践を検討し、この発達的教育学に代わるものを探る。この教育実践は、「フリードムライターズ」と呼ばれる、カリフォルニア州のロングビーチにあるウッドロウ・ウィルソン高校で行われた、よく知られた学校プロジェクトにおけるものである。この分析は、生徒たちがどのように自分たちの集合的な過去を省察し、それがどのように、このプロジェクト以前とはまったく違う方法で自分たちの将来について考える道を彼らに開いたかを検討する。その結果、（かつての）周縁化された生徒たちがどのように学び発達するかが、根本的に変わっていった。

最後の第4章では、都市部から田舎の教育へ、先進国から発展途上国へと焦点を移し、ブラジルにおける「土地なし農民運動」の文脈で、いわゆる**大地の教育学**（Pedagogia da Terra）について検討する。この広範な社会的−政治的運動は、当初から農業労働者のためのより良い生活条件を要求するだけではなかった。それはまた、いわゆる「土地なしの子ども」のためのより良い教育機会も要求するものであった。「より良い」は、適切に建設された校舎や本へのアクセスといった物質的な側面だけでなく、それに続く教育方法や授業内容といったものの改善にも言及するものであった。この章では、一つの事例研究に焦点を当て、それと併せて、より広範なエスノグラフィーの資料と教室内の相互作用分析について簡単に紹介する。記憶、想像力、協働の結びつきについて検討し、自己の発達と新しい社会全体の関係性の発達とが対比される——それは同時に個人的であり、集合的である。

結論では、提示されたすべての資料にもとづいて、ヴィゴツキー派とプロセス哲学派／ポスト構造主義のアプローチを統合した、より広い理論モデルについて概説する。ミシェル・フーコーの**自己のテクノロジー**（Foucault, Martin, Gutman, & Hutton, 1988）の概念を用いて、現在の社会的−経済的・倫理的−政治的体制において、説明責任を確立し、周縁化された生徒たちの包摂を促進する自己のテクノロジーとして、学校において学習と発達がどのように機能しているか（あるいは機能していないか）を検討する。**ドラマや危機の考えや発達の最近接領域**（ヴィゴツキー）の概念など、一連の概念をこの視点から議論する。

この分析は、若者の発達の二つの別のモードを対置している。具体的な技能の発達（可能的発達の領域）と、新しい社会全体の関係性の発達（潜勢的発達の領域）である。個人的、集合的な過去と未来の関係は、学校における日常的な行為と実践のプロセスで、生徒の発達を組織し、指示し、安定化し、具体化し、客体化し、制度化する装置によって**媒介**されることを指摘する。これはしばしば、学校における特定の発達のあり方をただ一つの可能性として制度化し、正統化する規範的な方法で起こる。協働、集合性、そしてメタ省察は、個人的、集合的な過去と未来のまったく異なる関係性を生起し、その結果、まったく新しい個人、集合、社会全体の発達を導く。そのような運動は、周縁化された若者の教育に緊急に必要であり、今日の新自由主義の教育と発達の体制からの脱出口を開くことができる。

第1章　学習、発達と自己のテクノロジー
―― ドイツの実験的中等学校における危機的状況と
　　周縁化への対処

　本書の序章では、新自由主義という近年拡大しつつある危機が、世界中あらゆるところの若者の生活にどのように影響を及ぼしているかについて簡単に述べた。ここでは、何が**危機**として理解されうるのか ―― それはこれから見ていくように、さまざまなスケールで、分析できるすべてのレベル（個人的、対人的、制度的、社会的）を含んで展開している ―― について、より深い洞察を持つことになるだろう。発達的危機、経済的危機、道徳的危機、環境危機など、さまざまな専門家がそれぞれの専門性の観点から危機についてしばしば語るが、私は、危機は**個人的ドラマ**として主観的に経験されると同時に、より広範な社会的－経済的・倫理的－政治的な矛盾を反映していると主張したい。**個人的、あるいは発達的な危機**は ―― 序章で述べた現代における新自由主義の危機のように ――、社会の全てが直面している広範な危機の一部である。

　第1章で注目する生徒フェリックスの事例は、この点で典型的であると言える。フェリックスは、以前学校で失敗した逸脱者で、今は彼のような生徒のために特別にデザインされたドイツの実験的中等学校に在籍している。彼を追いながら、この危機を解決するための**媒介活動**と見ることができるプロセスにおいて、彼が学校でどのように利用可能な言説の語義[訳注1]と媒介装置[1]を使っているかを見ていく。

「俺は親の人生を地獄にしちまった」
―― ヴィゴツキーの視点から見た危機の経験

【抜粋1】[2]
1. F：ええと、俺は問題のある子（.2）どもだったから（...）
2. 親から盗んじゃったんだ、えー（...）俺は（.2）他にも
3. ドラッグとかもやった。だから俺
4. 親の人生を^地獄にしちまったんだ。
（インタビュー1からの抜粋。文字起こしとドイツ語からの翻訳は、著者とリー・ウィラーによる）

この抜粋は、ある生徒（F：フェリックス[3]）と私自身（I：インタビュアー）のインタビューを録音し、文字起こししたものである[訳注2]。インタビューはドイツの実験中等学校での数か月のフィールドワークの後に、その学校で行われた（COVID-19の感染拡大以前）。心理学の研修生であり博士号取得候補者として、私は、この学校の日常生活に参加し、1年間にわたって週5日、教室内での参与観察だけでなく、学校の日中の時間割の外で行われる公式・非公式の教師の会議にも参加した。フェリックスは、教師ではない人物、つまり彼を評価したり、管理することに関心のない人物として、また、十分に年が離れていて、仲間に引き入れたり、恋人や流行りの服装などについて競うことのない人物として私を受け入れた。私は、他の人びとと同じように、教室の活動で彼を補助しながら、徐々にお互いに信頼していった。私が男性であるという事実も、距離を縮めた理由の一つであった（私の女子生徒たちとのコミュニケーションは、ずいぶん異なっていた。詳細は第2章と付録を参照）。

　フェリックスは、インタビューの前後数か月には反抗的ではなかった。しかしその前は、彼が言うとおり、両親にとって「問題のある子ども」だった。彼は、両親から盗みをしたりドラッグを使用したりして、両親の人生を「地獄」にしたと言った。彼は自分の逸脱行動をドラマチックに話し、両親が彼に抱いているイメージをすっかり違うものにしたいと考えているようだ。フェリックスが話すこのような状況は、著名なソヴィエトの心理学者、レフ・セニョヴィッチ・ヴィゴツキーが言うところの**危機**として見ることができる。ヴィゴツキーにとって、発達は、他の多くの発達理論が言うような自然の力によって駆動されて直線的に展開するのではなく、闘争であり、**ドラマ**である。ドラマの中で、人は、少なくとも二つの矛盾する力がぶつかることで生じる危機を経験する。ここでは、両親の管理から逃れたいという欲求と、両親の指針に従いたいという、対立する欲求である[4]。

　個人と社会の間の境界を超えて、ヴィゴツキーは個人の危機をより広範な社会全体的、経済的、政治的、倫理的な矛盾を反映していると捉えた。この点で、上記の抜粋でフェリックスが言及した危機的状況は、単にアイデンティティの危機でも、彼の年齢に起因する新たな社会的役割を引き受ける挑戦によってのみ引き起こされたのでもない（Erikson, 1956, 1966 参照）。この危機はより広範な要素を含んでおり、まず何よりも、**個人的**危機であると同時に、**対人的**危機でもある。危機はフェリックスに影響を与えたが、また彼の周囲の人びと ── 両親 ── に

とっても危機であった。

　しかし、さらに注意深く分析すると、この危機の要素は社会全体的、経済的、政治的、倫理的なものでもあることに気づくだろう。フェリックスは、学校や公教育が十分に魅力的でなく、子どもの監督や動機づけが十分にできなかった家族（あるいは、ソーシャルワーカーや近隣の若者センターといった、関連する社会的な制度）が彼らを監督し、学校での成績が良くなるように十分に動機づけることができなかった、ドイツやその他の国々の都市の若者の典型例と見ることができる。周縁化された社会的環境にある若者は学校でうまくいかず、ありとあらゆる逸脱行為に走ってしまうことがあまりにも多く、その結果さらに周縁化され、周縁化の終わりのない悪循環に巻き込まれていく。フェリックスの危機は逸脱行動とドラッグの使用というかたちをとり、それは彼のジェンダーをも物語っており、そして大麻製品や幻覚剤の使用は、彼が属してきた若者のサブカルチャーをも物語っている（Liell, 2003 参照）。

　この危機的状況は、本書の序章で言及したドイツ（Nolan, 2001）や先進国全体の広範な危機を反映している。この危機は、学校での失敗の割合の増加、社会的下降移動、移民集団の諸世代の統合の失敗（Diezemann, 2011; Santel, 2011）、さらには学校での銃撃事件（Pourkos, 2006）に表れている。また、2006年2月28日、教師たちが生徒の暴力によって授業ができないと告げる書簡を公表した、ドイツのベルリンにあるリュトリ学校の悪名高い事例を思い出すこともできるだろう [5]。

　抽象的な科目とカリキュラムにもとづいた教育と学習の活動を行う学校は、進行しつつある周縁化に応答責任があることは明白だろう。なぜなら、学校の教育と学習は中流以上の階層の子どもと若者にとっては魅力的であるが、それ以外の子どもにとってはそうでないからである [6]。しかしまた、より広範な新自由主義社会の価値観にも応答責任がある。過剰な消費文化、周縁化される人びとの増加と結びついたあらゆるレベルにおける競争、社会的下降移動、不確実性等々は、なんら学校での学習と成績向上のための良い環境を提供しない。

　しかしフェリックスは、自身が述べているように、過去に逸脱して両親を失望させただけでなく、現在でも、過去の逸脱に対する「代償を支払う」羽目になっている。彼は18歳になるところであるが、通常15歳で取得できる卒業証書（「中等教育一般卒業証書（GCSE）」レベル、ドイツでは「基幹学校卒」、あるいは、最高で「実科学校卒」）を得るために学校教育を受け続けている [7]。ドイツの最大都市にある彼の学校は、これまで学校で失敗して何度も落第してきた生徒を受

け入れている。ここでの欠陥は、個人的、対人的レベルに ── 個人的、対人的
危機をより広範な社会全体の危機を反映したものとして理解することなく ──
注目しているところにある。すべてがうまくいってこの学校を卒業しても、フェ
リックスや他の生徒たちは、ドイツの中で最も低いレベルの教育（つまり、ドイ
ツの基準では当然の、小学校卒業の次の卒業資格）の証書を手に、最終的に低賃
金の仕事に就くことになる。法律によって彼は高等教育を受ける可能性はなく、
良い仕事はもちろん、何であれ仕事を見つける機会はきわめて限られている。こ
のような文脈において、「学習」や「発達」、あるいは「逸脱」への対処は、何を
意味するのだろうか？

学校で応答責任と説明責任を実践する

　上記に述べたような状況への新自由主義的な対処は、生徒自身に成功と失敗の
すべての応答責任を背負わせることである。したがって、自身の行為に対する説
明責任を学習することが、学習すべき重要なこととされる。

【抜粋2】
1. M：<A（そのプロジェクト）は、私にとって二つのレベルで成功でした。
2. 私たちには提供できるものがありましたし、彼ら
3. #オットーたち#、そうまさに#トーマスたち（複数形の名前）#や、
4. 最後には私たちを <ほんとうに> ほんとうにイライラさせた者たちの帆か
   ら、完全に
5. 風をはずしたんですよ。^完全にね。なぜなら、それ以上
6. 船は動きませんから。
7. I：　うむ。
8. M：　　私たちは言いました。君たちは
9. 好きな方向に風を吹かせればいい。/でも
10. 私に向けてではないよ。いいかな？\そうしてくれるかな。それで、えー、
11. ^私にとって何と言っても、このストレス全部の後で好転する変化だった
    んです。
12. . . .「やりたいことをやれ」
13. I：　　　　　　うむ
14. M：　　　　　　　　でも ^何かする。喧嘩したければ

15. 誰とでもすればいいけど、私と＾じゃない。余計なお世話だって。A>
16. そう。この応答責任の問題は全部、いつだって（主要な）
17. ことなんです。

（教師たちの議論1からの抜粋。文字起こしとドイツ語から英語への翻訳は、著者とアレクサンドラ・ザガジェウスキィによる）

　この抜粋は、私が参加した教師たちの議論を録音し、文字起こししたものである。ここで話しているウォルフガング[8]にとって私は、すでに学校での調査の最初の1週間を過ごした後であり、また、心理学の修士課程を修了し、生徒と教師の学校での日常生活における実践的な課題をよく理解しており、可能なあらゆる面で大いに助けていたので、ほとんど同僚に近い存在だった。この抜粋でウォルフガングは**出帆**の比喩を使って、特定の学習と教授のプロジェクトに言及している。そのプロジェクトの中で、生徒たちは教室で学ぶのではなく、「好きな方向に風を吹かせ」ることを許される —— しかし、教師の乗る船に「向けてではない」（9行目〜10行目）。この比喩は、生徒たちは彼ら自身の「船長」であり、他の「船長」との葛藤は避けるべきであることを示している。生徒たちは校舎内を自由に移動し、自身で選択して学習活動を設計し、遂行することが許されていた。こうすることで、彼らが失敗した場合、それは生徒の応答責任となる。その結果、個々の教師は「（生徒の）帆から完全に風をはずした」（4〜5行目）。したがって、上記の比喩が最終的に照らし出すのは、生徒たちは自分自身の「船長」であるが、風がないので、教師の船に向かって船を動かさないだろうということである。したいことをしてよいが、しかしその結果に直面するということを明確に生徒にわからせることが、著者のフィールドワーク中に見られた、困難な事例の生徒に対処するために教師たちが開発した主要な方略の一つであった。

【抜粋3】
1. W：彼らを変えることはないんです。そしてこう言っても
2. 境界例の者たちを変えることはありません：「でも今、君にとって＾本当に
3. 出てくることが必要だ。さもなければ追い出すだろう。」
4. それで彼はこう言います、<HI もちろん、これからはちゃんと来るよ HI>\ それから
5. 二度ほど来て、そしてもう来ません。そして
6. 心血を注いでも、またそこに取り残されるんです

7. I:　　　　　　　　　　［ふーむ］

8. W:　　　　　　　　　　［そして、すべてこうなんです］

9. こう言う代わりに、おわかりのように：<L　50時間、ブ＝ウー＝ン L>、

10. コンピュータが消します

11. 自動的に。<A 一瞬で（...）消えてしまう。A>

（教師たちの議論2からの抜粋。文字起こしとドイツ語から英語への翻訳は、著者とヴィクトリア・バッハマンによる）

　この、先に提示したものと同様の議論からの別の抜粋で、ウォルフガングはたびたび授業を欠席する生徒（精神医学から借りた用語を使って、彼らを境界例と言っている）について話し、彼らを変える方法についての理論を説明している。ウォルフガングはフェリックスの先生で、フェリックスは数か月前に、この境界例のカテゴリーに入れられていた。上記の抜粋は、学校と生徒についてウォルフガングだけでなく他の教師も同様に話す通常のやり方を示しており、ここには一連の問題を指摘できる。

　まず最初の分析の段階で、ウォルフガングが大変な困難に直面しており、教育だけでなく、通常ソーシャルワーカーやカウンセラー、心理学者が行うような一連の実践にも取り組んでいることがわかる。ここでのウォルフガングの語り方は、彼が教えるべき生徒たちにとって非常に排斥的な社会にあって、教師としての役割を果たすことができないことへの対処法であると解釈できるだろう。この文脈でウォルフガングは、もし学校における問題の応答責任が生徒にあって教師にはないのであれば、生徒は彼らの行為と結果に対して応答責任を感じ、おそらく行動を変えるだろう。そしてもし彼らが変わらず、欠席を続けるならば、少なくとも教師に彼らの行為の結果に対する応答責任を負う必要はないと考えている。

【抜粋3の続き】

12. W:<A 運が悪いよね、そう思いませんか？ A>/ それに人は

13. 自分でこれが^起こらないようにしなきゃいけない。

14. ということは、つまり^応答責任カード

15. I:　　　　　　ふむ

16. W:が置かれるのは、彼 <そこの彼>

17. ^来ない彼だ

18. I:　　　　　　ふむ

19. W：私たちにじゃありません、私たちはいつも、

20. 「受け入れるべきかそうじゃないか」決めなければなりません。そう、それが問題なんです

21. I：ふむ

22. W：思うんですが —— これも応答責任です。誰に

23. これの応答責任があるんです？

（教師の議論2からの抜粋の続き。文字起こしとドイツ語から英語への翻訳は、著者とヴィクトリア・バッハマンによる）

　生徒が学ぶ重要なことは応答責任であり、それは、卒業後の生徒の人生にとってだけでなく、よく「しつけられ」ていなかったり「やる気」のない生徒に対応するための教師の戦略でもあるようだ。ウォルフガングが言うことにはっきり表れているように、周縁化された生徒のためのこの学校は、生徒が自身の行為の説明責任を果たせるよう学ぶための、一種の空間なのである。これが、生徒が学習する必要がある第一のことである —— 実際、具体的な技能や知識について教師はほとんど議論せず、それが唯一議論されたのは、生徒たちが学年末に行われる何らかの試験に合格できるか否かという文脈においてであった。教師たちはたびたび、周縁化された生徒の自律の感覚を高めることが、より広範な教育的・社会的問題の解決法だと語る。学校は、主として教授と学習、あるいはさまざまなグループ活動に参加する場所としては見られておらず、何よりも、生徒の説明責任と自己管理を発達させることを目的としていた。

　上記の抜粋で概略を述べた個人的な応答責任の言説は、しばしば私には、より広範な制度的・社会的−政治的変化の可能性が欠けているというギャップを埋めるために使われているように思えた。この言説の文脈、あるいは取り巻く状況に言及すると、15年ほど前、ウォルフガングとこの学校の他の教師たちは、ドイツのすべての生徒のために新しい学習方法と学校モデルを推進しようと政治活動を行っていたが、それにはより広範な社会−政治的な大志が含まれていた。教師たちは、巨大な官僚制と法的制約に直面し、最終的に、地方自治体の教育行政の意向に沿った学校が設立され、それは最初に想定されたものとは大きく異なるものであった。これは、ドイツにおける他の多くの進歩的、あるいは急進的な地域教育の取り組みがたどった運命でもあった[9]。

再方向づけとしての発達

フェリックスに話を戻すと、彼は応答責任や個人的な説明責任に関する学校の言説を実際に受け入れ、自身についてそのように語り、日常生活で行動していることが私には興味深かった。

【抜粋4（抜粋1の続き）】

5. F：それで（俺は）全然示したことがないんだ

6. 俺がともかく（自分の）応答責任を意識してるってことや

7. 俺自身の責任を取ること、えっと、（俺は）何でも正しくやるつもりだって。

（13ページのインタビュー1の続きからの抜粋。文字起こしとドイツ語から英語への翻訳は、著者とリー・ウィラーによる）

フェリックスはここで、実験や抵抗、あるいは集合的な行為（第3章と第4章参照）という観点からではなく、応答責任と説明責任の観点から彼の個人的ドラマについて語っている。このように話すことで、彼は問題と解決の両方に対する応答責任が自分にあるとして、自分自身を行為の中心に据えている。

【抜粋4の続き】

8. F：／今は、それを変えることができる。

9. I：それで、何がこの変化を起こしたのかな？

10. あるいは、この変化につながったのかな？

11. F：それは［知ってるでしょ］

12. F：〈［洞察］〉

13. I：〈それで〉今（何か）したいの？　それとも（すでにしたの）？

14. F：洞察。俺が、あぁ、ここに来て（...）

15. 最初の年。((騒音がひどく、著者は立ち上がりドアを閉める))

16. I：　　　この学校へってこと？

17. F：そう、ここ＃学校の名前＃（.2）

18. （全部が）急に変わったんだ。俺は全然違ったように決めなくちゃならなかった。

19. あぁ、決めるんだよ。もし俺が親にとってひでぇガキ（笑う）のやり方を

20. （そのまま続け）たいのか、それとも結局

21. 今、大人になり始める（ことができる）か

22. Ｉ：　　　　　　　　　　［うむ］

23. Ｆ：　　　　　　　　　をね。／そして今、俺は

24. 何とかやってる。それって［ほんとに単純だけど］

25. Ｉ：　　　　　　　　　　　　　　［うむ］

26. Ｆ：＾再方向づけ。

（13ページのインタビュー1の続きからの抜粋。文字起こしとドイツ語から
英語への翻訳は、著者とリー・ウィラーによる）

　フェリックスに（以前の逸脱）行動が変化した原因について尋ねると、彼はこ
の学校に入った最初の年に考え方の変化が生じたと述べている。彼が言うように、
「（全部が）急に変わった（抜粋18行目）」。学校で、教師に**続いて**、フェリックス
の考え方が変化し（「再方向づけ」）、今は自分の過去を**告白**し、そのことで自分
を**非難**しながらも、彼自身が達成したことを**誇り**に思っている（抜粋23〜24行
目）。彼は、考え方が変化した正確な時点について語っている —— この学校に通
い始めた時点である。フェリックスは彼自身について省察することで過去を演じ、
自身の行為の説明責任の観点から自身の生活を組織し、そのようにして誇りを持
てる未来へと人生を方向づけている。フェリックスが語る中で顕現しているのは、
彼の過去の特定のバージョンだけでなく、彼の求めている未来でもある。インタ
ビューの後半部分で告白しているように、彼は就職活動をしようと決心し、仕出
し屋になるための訓練を受けたいと思っている。
　彼の現在の視点から見ると、彼の過去は、ある特定の点において意味を持つよ
うに見える。それは、自分の行為に対する説明責任を学び、その結果、自分の
将来のために最善を尽くすという一点である。ヴィゴツキーによれば、危機を
経験することは、すべての心理学的な機能（感情、知性、記憶、想像力など）を
可能な限り最高度に含む集中的なプロセスである —— そして、この個人を取り
巻くその他のすべての活動は、この危機に関連するものとしてのみ意味を持つ
（Vasiliuk, 1984/1992 参照）。フェリックスは、ヴィゴツキーなら**媒介活動**と呼ぶ
だろうものに従事している。つまり、発達的危機に対処する際に中心となる、個
人的な意味生成活動である（Veresov, 2010）。しかし、フェリックスが取り入れ
た特定の媒介装置は、**自己のテクニック**あるいは**自己のテクノロジー**として見る
ことができる。ミシェル・フーコーはこの用語を、主体が権力システムの中で自
身を主体として構成するような特定のアレンジメントに言及するために導入し

たが、しばしばそれは「自然なもの」、あるいは「上から」押しつけられたものうのように思われる[10]。フーコーは**自己のテクノロジー**の系譜を、日記を書くことやキリスト教の告解といった、非常に古い西洋の慣習にまでさかのぼっている（Foucault, Martin, Gutman, & Hutton, 1988）。

　ニコラス・ローズは、このような統治のテクノロジーやテクニックが、新自由主義的政治が進行する中で近年どのように変容してきたかを研究した。彼が著書『自由の権力（*Powers of Freedom*）』（Rose, 1999）で論じているように、主体性の領域は制度的なものと結合し、そのようにして解放を獲得する必要がある。この目的のために、解放されうる自己が組み立てられる。フェリックスは、自分の才能、内的な欲望、職業上の夢を「発見」し、それらを追い求めなければならない。言い換えれば、彼は未来を「目撃し」、それを「彼」自身のものと見なし、その達成を評価し、改善するために過去を省察しながら、未来に向かって進まなければならない。このようにして、彼は「自由」を経験する。ニコラス・ローズは次のように書いている。

> （自律性はこのように）個人的な力と応答責任を受け入れる能力の観点から表現される――他人の責任にするのではなく、自分が自分自身であることを防げていることに自分が加担していることを認識し、そうすることでそれを克服し、応答責任ある自律性と個人的な力を持つことである。高い自尊心は、自分の人生を秩序ある事業として計画し、そのプロセスと結果に応答責任を持つ力と関連している。（Rose, 1999, p.269）

　ローズが言うこの意味での自律性は、フェリックスの「親にとってひでぇガキ」になりたくない、「大人」になりたいと願うあり方に示されていた（抜粋20〜23行目）。

発達のダイアグラムを通して説明責任を教え、学ぶ

　フェリックスの発達は、教師から提供され、彼が自分のものとして取り入れた一連の媒介装置によって――長い省察プロセスの中で、教師の助言と指導を受ける中で――刺激され、支援され、組織された。これらの媒介装置は、図1-1のダイアグラムのように、上に説明した意味での**自己のテクノロジー**として見ることができる。

このダイアグラムは要約的なもので、フェリックスの学校での過去を網羅している。これは教師がフェリックスとの面接やカウンセリングの際に使用されたもので、その後は、フェリックスに関する学校の公式書類として保管されている。フェリックスはこのダイアグラムに一人で記入する時間を与えられ、その後、彼の将来の計画についての話し合いが行われた。時間が過去・現在・未来をつなぐ線として空間化されているため、この話し合いに大いに役立った。

　日常生活のさまざまな出来事や活動が線に変換され、「フェリックス」という主体は日常生活の状況から抽象化され、彼の発達は脱文脈化された。このダイアグラムの中で、フェリックスは自分の過去を「とても悪い」から「素晴らしい」の間にあるものとして判定し（なぜなら他の選択肢はなかったから）、彼自身を未来に説明責任があるものとして位置づけている。時間の中で発達する（あるいは発達しない）、自身の発達に応答責任のある主要な人物としての心理学的な**主体**、あるいは**自己**が、このように具体化された。継続的な相互作用は線に変換され、主体は日常生活の状況から抽象化され、発達は脱文脈化された。

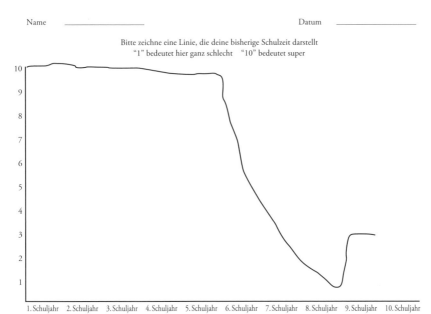

図1-1：「これまでの学校でのあなたの時間を表す線を描いてください。‘1’ は ‘とても悪い’、‘10’ は ‘素晴らしい’ を意味します。」（ダイアグラムはフェリックスに関する学校の公式書類として保管されている。X軸は学年を表している［第1学年、第2学年等］）。

このようにして、社会階層、教育状況、文化的価値に批判を向けることは一切できず、どんな変化も純粋に個々の個人的な問題としてのみ導入することができた。このダイアグラムは、上述した自律性と説明責任の言説をまさに具体化している。フェリックスにのみ焦点を当て、批判のためのいかなる**文脈**や手段も与えないからである。このダイアグラムによって定義される変化は、純粋に個々の個人的な問題としてのみ導入することができる。

　インタビューの中でのフェリックスの言説（この章の冒頭参照）とダイアグラムの中で彼が描いた自身の発達のしかたの間には大きな一致が見られ、この一致は「外的な」媒介装置が彼自身の思考を媒介した証拠と見ることができる。このダイアグラムは一種の「プログラム的なもの」で、学年の始めに記入され、上記のフェリックスとのインタビューはその数か月後に実施されたが、彼が学校の言説をどのように内在化したかを記録している。つまり、彼にとって利用可能だった、そして彼の**発達の社会的状況**を形成した語義に、個人的**意味**を帰属させた様子を記録している。この**媒介活動**は、フェリックスが経験した危機に対処する上で、中心的なものであった。

　上に示したダイアグラムは、とりわけフェリックスの発達の重要な時期において、彼の思考と想像力を形成した文化的人工物であったという点で、ヴィゴツキーの言う媒介装置であった（Vygotsky, 1934/1987）。この人工物によって、表現された語義が内在化あるいは自分のものとして取り入れられ、当初は生徒と教師の間の媒介されたコミュニケーションとして見られていたであろうものが、その後フェリックス自身の思考の礎となった。教授・学習・発達に対する社会的－文化的・文化的－歴史的アプローチは、記号と道具が教師と生徒、大人と子どもあるいは若者の間のコミュニケーション、そして自分自身への内的会話をどのように同時に媒介するのかについて、徹底的に研究してきた（Daniels, 2001; Vygotsky, 1931/1997, 1934/1987）[11]。

　しかし、このダイアグラムをフーコーの観点から考えると、所与の権力関係に挑戦するのではなく、それを再生産するような現代の自己制御と自律性の実践について議論することもできるだろう（Foucault, 1988, 2005; Foucault et al., 1988）。

現実は...

　もちろんフェリックスは、彼の個人的な危機に対処するという上記のダイアグラムの目的に個人的意味を与えることを通してのみ、説明責任を持つことを学習

したのではない。フェリックスが自分で記入する欠席カード、書いた日報や週報、質問紙などの一連の媒介装置は、彼の日々の発達を組織立て、ある日から次の日への連続性を確立していった。上に示したダイアグラムは制度的な記憶を形成したが、それ自体では語義や機能を持ってはおらず、他の媒介装置**との関係においてのみ**持っている。この学校で特に重要性を与えられた媒介装置の一つは、生徒の自己省察プロセスを刺激し、方向づけることを目的とした、さまざまな質問紙であった。

　また、フェリックスのような生徒を指導する際、教師は職業選択を方向づけ、動機づけるために、コミュニケーション行動（介入）を開始することが、この学校における標準的手続きであった。これらの介入 —— カウンセリング —— のさまざまな側面は、以下の学校の公式出版物からの抜粋に要約されている。

【抜粋5】
カウンセリングは＃学校名＃における「最も重要な部分」である。特に若者の興味や日常生活に関わる場合、また（行動の）問題を建設的に扱う場合、それは通常、一般的な学校でのカウンセリングを超える。（（...））「私は誰なのか？」、「私はどんな人でありたいのか？」は重要な問いであり、「現実の自己と理想の自己の調整」は中心的な目標である（自己アイデンティティ）。指示的形態のカウンセリングに加えて、非－指示的な形態のカウンセリングが（社会的）教育的**カウンセリング**においては特に重要である。なぜなら、若者たちは、省察性、合理性、意図性と目的への志向性、知識能力、情動性、言語化しコミュニケーションする能力、さらには行為し自律する能力を持っていると見なしているからである。若者は行為する存在として見ることができる。すなわち、彼／彼女の行動は、目標志向、計画、意思決定、有意味さにももとづいており、自身の精神プロセスの内容に自覚的である限り、それらについて情報を与えることができる。

　　（抜粋は「＃学校名＃のABC」から。ドイツ語から英語への翻訳は、著者とカレス・シェファーによる）

　ここで印象的なのは、教師たちが公式の説明でアイデンティティと応答責任に関する言説を明確に使用し、心理学的カテゴリーやテクニック —— フーコーの言う**自己のテクニックあるいはテクノロジー**がまさに含意するもの —— を無批判に使用していることである。カウンセリングは継続的にさまざまな方法で実施

され、学期の中頃には、公式行事として一度実施された。

　カウンセリングの文脈で、フェリックスに渡された質問紙の一つは、「あなたは信頼できる人でしたか？」「あなたは自分から課題の提案をしたことがありますか？」「あなたの提案は受け入れられましたか？」「あなたは献身と喜びをもって協力しましたか？」「仕事に意味を見出せましたか？」などの質問からなっていた。これらのすべての質問は、「はい―ある程度―いいえ」と書かれたチェックボックスの一番正しい答えに近いものに印をつけて回答するようになっていた。別の質問紙は、次のような文章を完成するものであった。「変化は...」「私にとって働く意味は...」「現実は...」「就職市場は...」「職業訓練のための場所は...」「将来は...」「お金を稼ぐには...」「最も私にとって恐ろしいことは...」「私の変化は...に見られる」

　これらの質問紙では、すべての文章が言及する自己は客体化されていた。フェリックスや他の生徒たちは限定されたクローズド・クエスチョンのリストに答えるか、あるいは教師が選んだ文章を完成させることになっており、それゆえに提示された問題について省察していた。このようにして記号的な秩序が課され、言説のパフォーマンスが制御された。説明責任を果たせるようになることが、実際にフェリックスのような生徒が求職者となり、現在の社会的－政治的－経済的システムに ―― そうしたシステムに疑問を持ったり、システムを変化させることなしに ―― 参入するための第一歩と見なされた。媒介されたメッセージは明確である。「仕事とお金は重要であり、現在の就職市場は悪い」。そのため「私は、自分のチャンスがどこにあるかを自覚し、就職市場に参入するためにやってきたどんなチャンスもつかむべきだ」。ローズが書いているように、今日において失業者は**求職者**と理解されているが（Rose, 1999, p.268）、フェリックスのような生徒も求職者予備軍として理解されると付け加えることができる。

　しかし、この記号的秩序は、以下のようなダブルバインド [12] の構造を持っている。つまり、フェリックスや他の生徒たちの未来は、彼らの教育レベルが非常に低いため、いずれにしても暗い。しかし、フェリックスや他の生徒たちは、ともかくこのことを納得して最善を尽くすべきなのである。どうしてこんなことが可能だろうか？　フェリックスの危機は一見したところ「何とかなった」ように見えるが、この危機のより広範な社会的－経済的・倫理的－政治的な要素については何も変化していないのであるから、危機が実際に解決したのかどうかという問題は未解決のままである。

まとめ
—— 個人的な危機からすべてのレベルの危機へ

　都市部の実験学校における、かつて逸脱者だったフェリックスの**個人的ドラマ**とその対処法は、この章で簡単に紹介したように、ドイツにおける周縁化された生徒の今日の状況の例として見ることができる。フェリックスの個人的な発達の危機は、より広範な社会的－経済的・倫理的－政治的な矛盾を反映しており、それは解決されなかったが、**自己のテクノロジー**によって、少なくともある程度までは、何とか対処された。フェリックスは、ドラッグの使用と両親からの盗みをドラマとして経験し、積極的に**語義**を生み出し、彼の経験に意味を与え、ドラマを解決するために、この特定の学校で利用可能な媒介装置（ダイアグラム、質問紙など）を使用した（このようにして、ヴィゴツキー派の用語で言う**媒介活動**と見られるものに従事している）。フェリックスは、それ以上「親にとってひでぇガキ」になりたくなかっただけではない。彼は「大人」になることを望み、自分の行為に説明責任を持つことを学んだ。

　しかしこれはどのような「発達」であり、この文脈で「大人」とは何を意味するのだろうか？　最も個人的な経験ですら、社会的・文化的・歴史的に生み出された強力で権力を伴う語義によって**媒介され**、それを**媒介している**（Kontopodis & Newnham, 2011）。個人的な危機の際には、たとえ非常に間接的なしかたで生じるとしても、権力関係が常に問題としてある。次章で見ていくように、**発達の概念**はここでは特に重要である。批判的発達心理学者のヴァレリー・ウォルカーディンは「発達主義を超える？（Beyond Developmentalism?）」という論文の中で、漸進的な進化として見られている発達は、「個人に関する現代の語りにおける中心的な比喩」であると論じている（Walkerdine, 1993, p.455）。

　ウォルカーディンは、いかに発達という概念自体が西洋的・男性的なものを一般化しており、それゆえに「周辺的主体が病的・異常な存在とされる」かについて述べている。「発達」の概念は、しばしばこのきわめて規範的な理解を意味し、**規範化**の実践と一体となっている。応答責任を持ち行動を変えることができる生徒について教師が語る方法は、心理学的・教育学的な知識を含んでおり、人間主体を理性的で首尾一貫したものと理解する。この理解はもちろんのこと非常に古く、近代初期の教育心理学や発達心理学の理論にまでさかのぼることができる（Morss, 1990, 1996; Wulf, 2002）。

　しかし、非常に新しいのは、制度のコントロールが生徒自身によって行われる

と期待されるように、制度と主体の間の境界が移動したことである。このように、教育と現代成人の生活は、新自由主義的な主体性を基盤として再組織化されたようである（Papadopoulos, 2003）。もしすべてがうまく機能するなら、発達は「求職者」——学校の管理のメカニズムが承認する主体性——をもたらすと同時に、制度と主体の合成であり、公共による私的領域の組み込みであり、そしてそれは、ドミトリス・パパドブロス（Papadopoulos, 2005）が指摘するように、制度と主体の両方を変容させる。このように、危機は新しい何かにつながるわけではなく、真に解決されることもない。それは先送りされるか、他の社会的空間へと移動される。

　マクロ的分析レベルに移ると、ニコラス・ローズ（1999）は『自由の力（*Powers of Freedom*）』で、20世紀末に、行為を統治するような方法に制度と社会のさまざまな政策が根本的に変更され、いかに社会が規律社会から管理社会に変化したかを描いている[13]。

> 　規律社会では、学校、兵舎、工場など、ある規律機関から別の規律機関に進むことが問題であった。それぞれが、永続的な身体的・行動的能力、そして持続的な自己吟味と自己抑制の実践を魂に刻み込むことによって、行動を**鋳型にはめる**ことを追求するのである。管理社会は、不変の、終わりのない**調節**であって、そこでは調節は、人間主体の力と能力と、その主体が参加する実践との間の流れと交渉の中で生じる。人は常に、継続的な訓練、生涯学習、永続的な評価、購入や自己改善への継続的な勧誘、健康の継続的な監視、終わりのないリスク管理の中にいる。（Rose, 1999, p.234）

　新たな制度的な政策の結果として、福祉システムが「ワークフェア」システムへと改革されたように、活発さが依存に取って代わっている、とローズは論じている。「貧困やその他多くの社会的な病は経済学的用語ではなく、根本的に主体性の状態に位置づけられる」（Rose, 1999, p.265）。このような状況では、学校は生徒の未来について非難されることはない。なぜなら個人の選択と行為が成功や失敗につながるとされているからである。フェリックスの事例に見られるように、**発達の社会的状況**は、こうして生徒が自分の行為に応答責任を持ち、自己のテクニックないしテクノロジーによって自分の行動を修正することが期待されるようなしかたで形成されている——しかし、彼らの**個人的ドラマ**を作り上げる幅広い社会的－経済的・倫理的－政治的な矛盾に対処することはない。

第2章 「今しかない」
—— 学校から仕事への移行のための発達的時間性

　第1章では、発達がどのように**ドラマ**として展開し、**発達の社会的状況**を枠づけるより広範な社会的‐経済的・倫理的‐政治的な矛盾を反映する個人的な**危機**をもたらすかを探求した。また、フェリックスという一人の典型例に焦点を当て、**自己のテクノロジー**、つまり、利用可能な言説の語義やさらには、ダイアグラム、質問紙、その他の媒介装置が、新自由主義の権力関係の中で生徒の発達をどのように形成しているかについても探求した。ここでは、同じドイツの学校における他の重要な事例を素材にして、この分析をさらに進めることにする。

　ギュルデンという女子生徒の学校生活の最後の数か月と、彼女がどのように就職市場に参入し、この学校で最も「成功した」一人と見なされたのかについて検討する。しかし私は、学校の言説から批判的に距離を置き、「今しかない」「美容師か専業主婦か」といった二者択一的な選択肢がどのようにギュルデンに課され、説明責任を持つ主体として特定の方法で振る舞うよう促したかを検討する。この分析では、特に自己のテクノロジーの**時間的な次元**に注目する。発達の危機は特定のやり方で解決されただけでなく、また学校が就職市場と連繋して設定した特定のテンポにおいて解決されたことを論じる。

学校で省察するための手段を作り出す

【抜粋1】[1]
1. W：ちょうど考え続けてるんですが、この
2. 独立プロジェクトの終わりに何か、
3. 彼らが自分の個々の（学習／発達の）プロセスを
4. 書いて表現する方法を見つけられるかって（.2）
5. 明らかに無理です [ただ]
6. I：　　　　　　　[うむ]
7. W：自力で起こるのはね。
　　　・・・
8. W：（だから）このプロセス（...）を

9. 少しでも彼ら自身で振り返るのには、いくつかの質問が必要じゃないかと思うんです。

10. (...) ガイドラインとしての。そう、言いたいのは、∧誰もが

11. (言い) 始められるわけじゃないってこと。:<LO「これは良いことで、私の問題は

12. これです」って。LO> もちろん、それは (...)
　　　・・・

13. そう、このプロセスにヒントを挙げるだけでいいでしょう (.1)

14. I: (.1) ええ。

15. W: (.1) それで、私は書くことでそうしたいんです。
　　　・・・

16. W: えーと、∧ダイアグラム

17. I:　　　　　　　　　　　　ええ。

18. W: 時間的な構造を持ったダイアグラムです。

（教師との議論3からの抜粋。文字起こしとドイツ語から英語への翻訳は、著者とスラティ・フェルディナンドによる）

　上記の抜粋では、前の章で言及した教師（W：ウォルフガング）が、私（I：）と他の教師に、生徒が15日間にわたる個人的な学習プロジェクトの間の自身の発達の「プロセスを認識する」のを助けるために、ダイアグラムを使うことについて話している。この抜粋からウォルフガングは、生徒たちに質問をして、自身の発達プロセスについて省察させたいと思っていることがわかる。彼は書くという形式でこれをなすことの重要性を強調し、生徒たちに「方向性」を与えることに言及している。彼は「時間的な構造を持ったダイアグラム」（18行目）を望んでいる。

　ウォルフガングが作り出そうとしているこの媒介装置（第1章の図1.1のダイアグラムと同様）は、ヴィゴツキー派の観点から見た思考とコミュニケーションを可能にするものとしてだけでなく、フーコーの観点から見た、人が省察可能な自己の特定の形式を意味している。すなわち、自己は、改善され発達するべきものとして組み立てられる。生徒は過去の行為を振り返り、説明責任を持つようになり、彼らの「才能」「内的欲望」「職業上の夢」を見出し、それを追求すべきである（第1章参照）。

　この実験学校では、ダイアグラムや語り、その他の媒介装置を用いて自分の学

業達成や発達一般を省察する実践が、日常生活に欠かせない要素であった。生徒たちはダイアグラムを作ったり質問紙に回答したりするだけではなく、過去を振り返りながら将来への方向性を発達させることを目的として、レポート、個人日記、他の生徒に宛てた手紙などを書くことも期待されていた。

学校での日常生活を物語る

　ここで焦点を当てる生徒の事例は、トルコ系移民でドイツ国籍を持つ労働者階級の女子生徒のギュルデン（仮名）である。前章のフェリックスと同様に、彼女もまた、「成功した」学校生活を送っておらず、そのためフィールドワーク時にこの学校に在籍していた。上に述べたようにギュルデンはトルコ系移民で、ドイツ国籍を持つ労働者階級の女子生徒であった。トルコにルーツを持つ若い女性にとって、非トルコ人でかつ男性である私は、他人がいない状態でインタビューしたり撮影したりすることを望む異質な存在であった。撮影は、彼女たちの容姿への過度の関心と見られた。その結果、これらの要望は、女子生徒の大多数に拒否された。しかしギュルデンは、私がアクセスできた数少ない生徒の一人で、6〜7か月間にわたってギュルデンが参加していた活動や状況に私が偶然に関わったことで、彼女との間に信頼関係が築かれた。ギュルデンが尊敬する教師から私が大いに敬意を払われていたこと、そして、彼女がこの学校の基準ではとても「成功した」生徒として認識されていて、私に隠さなければならない重要なことは何もなかったことも、私たちのコミュニケーションを容易にした。

　この学校の他の多くの女子生徒と同じように、ギュルデンは私のフィールドワーク当時、美容院でインターンシップをしていて、それは彼女の学校での義務であった。学校で過ごす間、彼女は、担当教師に、インターンシップで行った活動について日報や週報を書くことを求められていた。この活動はドイツ語のクラスで行われたが、その目的は、ドイツ語を書く練習に加えて、自身のインターンシップ、職業上の関心と志向について省察することであった。

【抜粋2】
2005年2月18日の日報
三日目、私は特に何も特別なことはしませんでした。いつものとおり、9時45分に行きました。私はすぐにタオルをたたみ、それから私は [. . .] 10時ちょうどに最初のお客さんが来ました。彼は犬を連れていて、ずっととても吠えてい

て、私たちはいやな気分になりました。そうこうしている合間に、私は、昨日付けたカーラーを（練習用の人形の頭から）外しました。本当にいい感じでした。つまり、巻き髪が本当に素晴らしくて、根元までよくできていたので、私は自分がとても誇らしく思えました。#マイク#もそう言ってくれました！[. . .] ヘアカットはあまりうまくできませんが、運良くお客さんが来て、#アンナ#が同じことをしました。私は最初から最後まで注意深く観察しました。水曜日に、もう一度これに挑戦するつもりです。

　（ギュルデンの日報。原本からのコピー。ドイツ語から英語への翻訳は、著者とエワ・コーウェルによる）

　ギュルデンは、上記の語りで、「**実践における学習**」プロジェクトの実施場所である美容院で彼女が行った課題と、そこで働いている大人たちからの評価について記録している。これはギュルデンのインターンシップ三日目である。語りは午前9時45分から始まり、午前10時等々へと移る。レポート全体を通して、日常生活の出来事が、ドイツ語の過去形で書かれた文章を通して分節化され、連続性を持つように並べられることで、客体化されている。そして、未来の出来事とのつながりもまた示されている。「水曜日に、もう一度これに挑戦するつもりです。」

　担当教師の示す指針に沿ったギュルデンの語りを通して、彼女のインターンシップ中の出来事の多重性が、時間的に順序だった意味のある全体へと変換される。情報はただ伝達されるだけではなく、異なる目的のために将来の状況で使用できるよう、凝縮され、一般化され、個人化され、変更される。出来事から書き言葉への変換の重要な要素は、行為が個人化され、書く主体が語りの中心に置かれるという事実である。このように、語りは告白に似ている。書き言葉への変換のもう一つの重要な要素は顕現した時間的な秩序であり、彼女自身にとっても、後で彼女のレポートを読んで評価する教師にとっても、ギュルデンのインターンシップ中に起きたことを意味のあるものにする。

　この顕現した時間的秩序は、過去について考えるだけでなく、未来も考慮している。彼女の語りのレポートは、彼女の過去についての自己省察を支援するとともに、未来に対する志向の発達も支援すると考えられる。ギュルデンのインターンシップ中に起きた出来事と行っている行為は、彼女が到達すべき未来の状態、大人である状態（Walkerdine, 1993）、つまり労働者、あるいは求職者であること（Rose, 1999）に関して意味を持つ。他のレポートでは、弁明するような調子で、

美容院での職業訓練における他の生徒の失敗が詳しく述べられているが、この次元がより明確に表れている。

【抜粋3】
美容院#X#での最後の日

　私は美容院#X#での実習を続けないことにしました。私が実習場所を変えたくなった理由はたくさんあります。たとえば、場所が遠すぎるってことです。私は住んでいるところの近くで実習したかったんです。（別の理由は）自分に合わなかったということです。単純に美容師の世界は私の世界じゃありませんでした。私はまるで清掃員になったような印象を持ちました。彼らはただ私に掃除の仕事ばかり押しつけました [...] 今、私はカフェテリアで実習しています。とっても楽しいです。私は、自分の将来の方向性を見定められればなって思ってます。

　　　（#サミラ#の日報。ドイツ語から英語への翻訳は、著者とエワ・コーウェルによる）

　このレポートは、同じ学校のトルコ系の別の女子生徒、サミラ（仮名）の美容師の職業訓練の失敗が、弁明するような調子で述べられている。「美容院#X#での最後の日」と題されたこのレポートは、彼女が途中で辞めた美容院での「失敗した」インターンシップについて語っている。美容院でのインターンシップが「失敗した」という事実を踏まえて、この生徒は担当教師に、二か所目のインターンシップでの現在の状況について報告し、未来における職業志向への関心を表明している。

　この生徒は口語的な表現（「私の世界じゃなかった」「とっても楽しい」）を使って、このレポートを提出する教師に謝罪しようとしている。このレポートは、次のような暗黙の質問に答えている。「出来事や行為はどこにつながっているのか？」「このインターンシップは、事前に定義された「成功した」結果へと「成功裡に」至ったのだろうか？」このレポートは個人的な日記と似た形式で書かれているが、制度上の規範を満たすため、教師に向けて書かれている。ここでは、労働者である状態が暗示された「成功した」未来であり、それが危機にあり、そして異なる出来事、経験、行為がそこに導くはずである。

　これが、この形式の語りに、排除やジェンダーにもとづく差別、人種差別の集

合的な記憶を顕現させる余地がほとんどない理由である。ここで忘れ去られているのは、経験の豊かさであり、そしておそらくは生徒の経験が持続しているとともに散り散りになっているという両義性であり（Stephenson & Papadopoulos, 2006）、それはまた、周縁化された若者の主体性によってたびたび訴えられる排除、敬意の欠如、その他の否定的な経験とも関連するだろう（Hansen & Jarvis, 2000）。

このレポートは過去を顕現させるだけでなく、この過去と未来の具体的なバージョンとの関係を媒介しているようである――まさにウォルフガングが、先の最初の抜粋で述べているように、そうなってほしいと望んでいたように。過去の特定のバージョンを想起しながら、未来を目撃し、過去の顕現を通して未来が顕現される。顕現された時間的秩序はただ物語的・記号的であるだけでなく、物質的でもある。それは文書に具体化され、生徒の個人ファイルの中に保存されて、さまざまな状況で流通し、カウンセリングや評価といった未来の活動において考慮される（Kontopodis, 2007 参照）。学年末までに、ギュルデンとサミラは教師と緊密に協働して、彼女たちの人生と将来設計について重要な決定を下すことになっていた。彼女たちは、これらのレポートや第1章で示したような質問紙を利用するだろう。まさにこの意味において、サミラの「失敗した」インターンシップの語りは、この生徒の将来の職業志向への関心を表明して締めくくられている。「今、私はカフェテリアで実習しています。とっても楽しいです。私は、自分の将来の方向性を見定められればなって思ってます。」

「進行中」

サミラだけでなく、ほとんどの生徒が、「自分で将来を方向づける」ことを望んでおり、それは「進行中」の状態であることを意味する。別の生徒のファイルに保存されていた次の履歴書の下書きは、この「進行中」の状態を最もよく表している。

【抜粋4】
個人的な強み
　　―チームとしてよく働ける。でも個人でもよく働ける
　　―仕事の流れ・組織・計画についての理解
　　―柔軟性、理解力の高さ [1]

趣味

　　—水泳とフィットネス

　　—パソコン [2]

希望する進路

　　—??????????? [3]

場所・日付

　　＃市＃、＃日付＃ [4]

　この下書きは、ドイツ民族の男子生徒であるモリッツが教師の指導にもとづいて書いたもので、彼のコンピュータのファイルに保存されており、修正して数週間のうちに完成する予定である。ここで特に興味深いのは、三つ目の「希望する進路」の見出しの部分で、モリッツは疑問符をボールド体でタイプするという明確なしかたで自身の希望する進路を（決めなければならないのに）まだ決められていないことを表現している。つまりモリッツは、フェリックスやギュルデンがそうであったように、希望する職業を見出し、将来について決めるために、さらに自分自身について省察することが期待されている。履歴書だけでなく、**生徒**自身も進行中であると言えるだろう。この「進行中」であるという布置は、どのような下地から生じ、どのような重要性が与えられるのか、という問いが起こる。

学年計画に従う

【抜粋5】

　1.　M：／この書類だけど、ギュルデン？　どう？　君は

　2.　すべてうまくいっている？　君は

　3.　締め切りが近いってことに気づいてる？

　4.　G：ええ。

　5.　M：うまくやれてる？

　6.　G：((うなずく))

　7.　M：いいですね。

　8.　W：／とてもいい。

　　（ビデオ撮影。文字起こしとドイツ語から英語への翻訳は、著者とスラティ・フェルディナンドによる）

私が参加した教室でのやりとりからのこの短い抜粋で、別の教師のモニカが
ギュルデンに、少しずつ「提出書類」、つまり、学年末の評価のために提出しな
ければならない一連のレポートや他の課題を終えているかどうか尋ねている。そ
の時点で、彼女はまた職業生活と教育について、次の段階の結論を引き出さねば
ならない。モニカは教えるだけでなく、時間に沿った行為の展開も調整しており、
それを基準にして生徒たちを評価している。

　教育プロセスの時間化は、人類学的な教育研究において検討されている共通の
主題である。イブ・シュバラールとアラン・メルシェは、歴史的な分析を通して、
現代の教育と学習の組織がいかに時間にもとづいており、それがどのように順次
的に進行しているかを示し、教授の間、**教師は正確な時計である**（le maître est
un chronomètre）と論じている。ここでは、この観点を学校生活全体の時間性へ
と拡張する[2]。

2.Halbjahr

Tag	Datum	Uhrzeit	Veranstaltung
	31.01-11.02.05		Einführungsphase
Mi.	02.02.05	14.00-16.00	Team
Di.	08.02.05	17.00-19.00	Elternsprechtag
Mi.	09.02.05		kein Team
			WP-Wahl
		11.00-13.00	erw. SL-Team
Di.	15.02.05		Brandschutzübung
Mi.	16.02.05	14.00-16.00	Fb.-K. WP-/Fachunterr.
Do.	17.02.05		Brandschutzübung
Mi.	23.02.05	14.00-16.00	Team arbeitstlg.
Fr.	25.02.05		Praxisplatzlisten
Mi.	02.03.05	14.00-16.00	Team arbeitstlg.
Fr.	04.03.05		Halbjahreskonzepte-"Arbeitspläne"
Mi.	09.03.05	9.00-16.00	pädagogischer Tag
Ml.	16.03.05	14.00-16.00	Team
Dl.	22.03.05	16.00	3.Schulkonferenz
		18.30	MV Förderverein
	23.03.-02.04.05		Osterferien
	Beginn der regelmäßigen Schülerinfos mittwochs um 16.00 vor Himmelfahrt, parallel dazu Aufnahmegespräche, vc		
Mi.	06.04.05	14.00-16.00	Fb.-K. Prlpr./KomG./FüP
	11.04.-15.04.05		Beratungswoche
Ml.	13.04.05	14.00-16.00	Team
		19.00/19.30	GEV/Elternversammlg.
Mo.	18.04.05		4. WP-Phase beginnt
Mi.	20.04.05	11.00-15.00	Tag der offenen Tür
Mi.	27.04.05	14.00-16.00	Team

図2.1　年間計画（一部抜粋）

教師と生徒が彼らの活動を連携するのを可能にする媒介装置は、**年間計画**（図 2.1 参照）であった。これは、たとえば、生徒たちが自分の学習計画についてレポートを書いたり、遠足やさまざまな教師の会議など、個人や集団の学校活動を開始し終了すべき日を示した計画である。この年間計画は公式のもので、教育システムの一般的な規則に沿ってデザインされているだけでなく、この特定の学校の暗黙の、あるいは明示された規則に沿ってデザインされていた。それはこの学校の全教師に配布され、中央の教育当局がその実施を管理した。この年間計画の概要は以下のとおりである。

(a) 開始：2週間の教科横断的な学習プロジェクト

(b) 約4週間：「なすことによる学習プロジェクト」の開始／日報を書く

(c) カウンセリング週間

(d) 約4週間：継続：「なすことによる学習プロジェクト」／「なすことによる学習プロジェクト」に関する書類の準備

(e) 「なすことによる学習プロジェクト」の教室発表

(f) 評価を受けるための書類の提出

(g) 「なすことによる学習プロジェクト」の終了／結果の評価

(h) 終了式 − 休暇

　この計画は2回（2学期間）繰り返された。最後の評価をもって授業が終わりとなる。このようにこの年間計画は、測定と管理が可能な、継続的な時空間を作り出していた。日常生活におけるさまざまな出来事、活動、経験は、この年間計画上で、日付と時間という数字によってコード化された空間へと変換された。

　この年間計画に関して非常に重要なことは、生徒の発達が計画と一致すべきことであった。生徒と彼らの計画について話しあい、式典や儀式を繰り返し、レポートを書くなどの日常的な実践は、少なくとも原則としては、個人的な発達を年間計画と一致するように組織すべきなのである。結果として、発達と学校教育は同期しており、発達は4学期制（2年間）という与えられた学校の時間の中で展開し、こういう中で、フェリックスやギュルデンのような周縁化された生徒が、この実験学校に入学したのであった。この年間計画を基礎として、生徒たちが学年末には就職市場に参入できるように、時間と発達を方向づけるかたちで一連の活動が配置された。そのため、年間計画は単に時間を計り分割するだけでなく、学習活動を直線的に増大させるという、ある種の内的な論理も持っていた。それ

は、**定量化された、連続的**で、**目的論的な時間**を包含していた。つまり、常に次のステップがあり、一つの活動が次の活動につながっていた。

個人化された年間計画
── 生徒のコンピュータ・ファイル

　年間計画が全員の学校の時間を組織している一方で、エスノグラフィーを通して、別の媒介装置である生徒の個人ファイルが、生徒の個人的な発達の時間性を具体化し、組織していることが観察された。これは学校のコンピュータ・ネットワークの中に保存されたコンピュータ・ファイルで、他の教室からも閲覧可能であった。それは、生徒が書いたすべての文章と、9年生の開始以来集められた彼／彼女の情報のすべて、たとえば上記のようなレポートや質問紙などを含んでいた。図2.2は、そのようなファイルの一部を示している。すべての文書が同じ手順で配置されていることが見てとれる。一つの学期中に生徒が書いた文章が日付つきで順番に並んでいる。ここで、なぜすべてのファイルに日付があることが重要なのか、という問いが提起される。

図2.2　ある生徒のPCファイル（画面キャプチャは著者による）

　パソコンのファイルでは、時間は空間化されている。文書は日付をつけられ、

日付順に配置され、時間的秩序が作り出される。生徒は定期的に自分のファイルを更新して維持することが求められている。日付をつけられた文書は一緒に保管されているので、特定の日付の文書が欠落していてそれを補充する必要があれば、常に明確にわかる。ある活動が次の活動につながるだけでなく、学校教育が進めば進むほど、言説編成は収束していく。経験はフィルターがかけられ、可能性は減少する。過去の出来事の長い記述はますます濃密になり、さまざまな声は排除されて、最終的には限られた数の説明を目にするようになり、それに従って生徒の職業選択が決定される。生徒は自分のファイルを使って履歴書や求人応募の書類を書き、自分の過去を語ることによって自身を描写し、売り込み、さまざまな職業訓練や低賃金の仕事に応募する。これは、これから取り上げるギュルデンの事例でも起こったことである。

ギュルデンは、将来のための決断をしようとしている

【抜粋6】

1. G：えっと、なんだかときどき思うんですけど
2. (...) やりとげられないんじゃないかとか、そんなこと。よくわからないけど。
3. I：うぅむ
4. G：何かうまくやりとげられないときとか
5. そういうとき、妹に話すの、
6. I：　　　　　　　［うん］
7. G：　　　　　　　　　　［それで］ときどきは、
8. お母さんにもね、でも多いのは妹の方、それから
9. I：［うん］
10. G：「ただ母は」私に［言う］：「そうしたいんだったら、
11. 自分でやりとげなさい。誰だってそうしてるのよ。」
12. I：　　　　　　　　　　　　　うぅむ
13. G：母は私に＾説明するの。
14. I：　　　　　　　　　　うぅむ
15. G：母は私に、私は［それをするのに］十分強いって＾言うの
16. I：うぅむ。たとえばどんなこと？
17. G：ときどき、私は本当になんだか悪い気分になるの、よくわからないけど、

18. 寝る前とか、そんなときにね。そういうとき、

19. こ＝れのこと、とっても考えてしまう。

20. Ｉ：何について？

21. Ｇ：将来とかいろいろ。

（4月8日の＃ギュルデン＃へのインタビューからの抜粋。文字起こしとドイツ語から英語への翻訳は、著者とアレクサンドラ・ザガジェウスキィとエリ・コーウェルによる）

　これは、ギュルデンと私のインタビューからの抜粋である。ギュルデンは自分の将来について大変心配しており、そのため不安を感じていると話している。彼女は、妹や母親、インターン先の担当者（メンター＝美容師）について多く話し、自分にとってみんなからの支援がどれほど重要かを説明する。しかし、美容師になることができるか、不安も感じている。ギュルデンは現在の視点から見た未来に自己を投影しているが、すると「成功する」か「失敗する」の2種類の未来が想定される。彼女は「私はやりとげられる」というフレーズをさまざまなかたちで繰り返し、すべての応答責任を**彼女自身**に負わせ、自己、意志、自律・応答責任に関する制度的な日常理解（第1章参照）に従っている。

　彼女の理解では、将来がどうなるかは自分次第である。だからこそ、彼女は不安を感じ、彼女はすべてをやりとげることができると保証してくれる他者の支援を必要としている。ギュルデンにとって、美容師になること、もしかしたら有名な美容師になることでさえ、専業主婦として一生を過ごすことに代わる選択肢なのだろう。

【抜粋7】

1. Ｉ：それで成功ってどういうことなのかな？　どうして成功することが重要なの？

2. Ｇ：／人生を退屈なものにしたくはないの。

3. Ｉ：うん

4. Ｇ：＜CR ううん、わからないわ、なんて～言えばいいのかしら、えっと（.2）私

5. 他の＾トルコ人みたいにだけはなりたくないの。家に座っていてそれで

6. 専業主婦になるみたいね、それと私はキャリアが欲しいの

7. ＾成功した専門職としての生活、でも美容師は

8. いつもそんなに成功する職業じゃないとしてもね、

9. でも、本当にやりとげれば、そうすれば本当に

10. いい美容師になれるわ、＾たとえば店長とか＾店長って肩書きで呼ばれて／尊敬される

11. それか専門技能試験とかそういうの、よくわかんない。CR>

12. I：うぅむ.

13. G：\専業主婦とかそういうのにはなりたくないわ。

　（抜粋は＃ギュルデン＃とのインタビューから。文字起こしとドイツ語から英語への翻訳は、アレクサンドラ・ザガジェウスキィとエワ・コーウェルによる）

　上記の抜粋は、その前に示したインタビューと同じものの一部である。ギュルデンはすでに私に、成功が重要だと話しており、私はその理由と意味について尋ねている。その返答の中で、彼女は有名な美容師になることは、専業主婦になることに代わる夢だと語る。民族、ジェンダー、社会階層がいかに相互に関係しあっているかに注目すると（Chronaki, 2011; Ivinson & Murphy, 2007; Linstead & Pullen, 2006 参照）、ギュルデンは、将来の専門職の活動に自分の解放を見出しながらも、それをやりとげることに不安を覚えている若いトルコ人女性であると言えるだろう。彼女は前の章で説明した意味での危機を経験している。

　学校で失敗した経歴と、その過去が彼女に課している制約から、ギュルデンは「成功」したいと思っている――そして「成功した」人生を歩んでいる人びとのイメージに感銘を受けている――が、それを達成できるという確かな自信がない。序章で簡単に言及した消費への欲望が、ここには暗示されている。若いトルコ人女性として、彼女の環境は、学校で失敗した経歴の解決策として、結婚して専業主婦になる可能性を提示する。しかしギュルデンは、専業主婦としての人生は「退屈だ」と考えている。同時に、過去の学校での経歴からするとほとんど唯一の可能性である美容師になることが、そのような「成功」なのかどうか疑問を持ってもいる（7〜8行目：「美容師はいつもそんなに成功する職業じゃない...」）。

　この短い抜粋は、彼女が経験する矛盾と、彼女の個人的・対人的ドラマの苛烈さを端的に示している。このドラマはまた、より広範な社会的−経済的・倫理的−政治的な矛盾も反映している（第1章参照）。ドイツにおける移民生徒の多くと同じように、ギュルデンは、主にドイツ語を話す能力が不十分であるため、技術教育のための中等学校に入ることになった。これらの学校は、ドイツにおいて周縁化という致命的な循環に入っていく移民生徒すべてを集めている（Diezemann,

2011 参照）。以下に見ていくように、このすでに非常に困難な状況において、ギュルデンは自分の将来について重大な決定をし、それを積極的に追求するだけでなく、学校の年間計画が示す学年末、つまり、生徒としての生活が終わる前に、**素早く**決断することが求められていた。

「今しかない」

このような文脈において、教師たちは、もし生徒が卒業後すぐに（18歳になるのだから）就職しなければ、人生の質がひどいものになるだけでなく、2度目のチャンスはほとんどないことを明確にして、生徒たちに**ショック**を与えようとした。

【抜粋8】
#エスター#は特別な教育を受けた教師で、最近、生徒たちの一時的な身分に関する新しい法律、新しい教育制度、現在の都市の（問題のある）社会的－経済的状況についてのさらなる研修を終え、私が観察しているクラスを訪れた。彼女はこのクラスを教えたり指導したりしているわけではないが、生徒全員がすでにエスターを知っている。私は生徒や他の担任の教師たちと静かに座り、彼女の話を聞いた。彼女の話の要点は以下のとおりである。

1. この学校を卒業した生徒は、「普通の非雇用の大人」である。もはや国から児童手当をもらえなくなり、別の教育機関に入るか、社会福祉省に連絡して、失業者向けの社会保障給付を申請しなければならない。
2. 新しい法規制のため、生徒の親もまた、子どもの宿泊施設費に相当する家賃の一部を補填する金額を国から受け取ることができなくなった。生徒は、国から別のかたちの経済的支援（社会保障給付、失業者給付）を求め、家賃の一部を支払う必要がある。そうしなければ、家族は家賃を支払うことができなくなり、生徒は施設から出ていかなければならず、両親は立ち退きを迫られるかもしれない。
3. 18歳から25歳の無職の若者は、「世の中」におよそ3万人いる。
   （著者のフィールドノーツからの抜粋）

エスノグラフィーで記録した上記のミーティングで、特別な資格を持つ教師であるエスターは、この学校を卒業した後の状況について生徒たちに伝えた。しか

し、彼女はそれを伝えるだけでなく、その状況を緊急事態として説明した。したがって、生徒たちは経済的なトラブルを防ぐために、素早く行動することが求められている。

　すでに序章と第1章で論じたように、エスターが言っているこのような状況については、主に英国の社会保障制度に関して、ニコラス・ローズが深く分析している。ローズは、福祉システムが「ワークフェア」システムに改革されたように活発さが依存にとって代わり、そして多くの社会的現象が経済的な用語ではなく、主体的－心理学的な状態として考えられるようになったと論じている（Rose, 1999）。この変化はここでは、医療保険や家賃手当を含むあらゆる社会保障を否定する新しい法規制によって、特に若い人たちに影響すると述べられている。その結果、生徒たちは**積極的**になって、**応答責任**を引き受け、両親や家族から独立して自分自身で管理すべきである。これが、彼らが「今」行わなければならないことなのである。

【抜粋8の続き】
　エスターは、この三つの点について、次のように論じて説明している。

1. 後で（最初に訪れた機会をつかまざるを得なくなる）より、今すぐに（まだ選択する可能性があるうちに）仕事を探したほうが良い。
2. 学校を卒業した後、生徒たちは次のような生活費を得る可能性がある。
   (a) 行政機関で1年間、ボランティアとしてソーシャルワークをする（ドイツでは軍役の代わりになる）、あるいは同じようなプログラムに加わる。
   (b) 別の学校に入学する（現在の学校と同程度のレベルの学校、彼らの卒業資格ではより高い教育を受けられないため [3]）。この選択には問題がある。エスターが言うところでは、生徒は18歳であり、もはや学校に通う義務がなく、それはつまり、どの学校も彼らを「受け入れる」義務がないことを意味する。
   (c) 職業訓練（Ausbildung：これも彼らの卒業資格に応じた低技能・低賃金の仕事）に応募し、合格する。エスターは生徒たちに、特に、もっと多くの工場がある他の地域に移ることと組み合わせれば、この選択はおそらく最もうまくいくかもしれないと助言する。統計によると、全職業訓練生のうち自由市場にあるのは40パーセントで、残りの60パーセントは政府によって特に教育目的で設立された「仮想会社」に

ある。（仮想会社は、この教育カテゴリーに属するドイツに住む若者のための職業訓練の場が自由市場にほとんどなかったため、始められた。）

3. 生徒は、生徒／未成年という地位と生活手段を「自動的に」延長するために、職業教育（選択肢の (c)) と教育的可能性の低い方（選択肢の (a)) の両方に申し込むべきである。もし今すぐに行動しなければ、貧困に直面することになるだろう。

4. 高度な教育と専門性を要する新しい労働条件と職業が生まれつつある。たとえば、不動産会社と提携している大手の清掃会社に雇用された清掃員は、多様な化学物質や清掃器具の使い方を知っていることが求められる。そのため、今日ではそのような訓練を提供する特別な教育機関がある。

（著者のフィールドノーツからの抜粋）

エスターの言説によれば、現在の社会的−政治的、経済的な状況が生徒に強いているのは、自由市場の諸機関が組織する求人や職業訓練に積極的に応募し、チャンスがあれば**すぐに**就職することである。もう一つ別の選択肢は、多様なかたちの国立の職業教育である。エスターによれば、生徒は、無気力で自身の将来について無頓着でいるよりも、むしろ知識と卒業資格を追及すべきであり、それらは大部分の低賃金の仕事にさえ必要とされる。

これまで提供してきた語りや文書の資料の多くと同じように、ここでも、排除、抑圧、貧困についての省察がない。これらの若者たちは将来の安価で使い勝手の良い労働者階級であるが、この教師は彼らを社会学的な観点から見ていない。その代わりに、彼女は彼らを個別の**求職者**として見ている。これはまさに、ローズ（1999）が批判していることである。若者はより広範な社会的−経済的・倫理的−政治的な変化のエージェントとは見なされておらず、まったく逆に見ている。すなわち、あちこちにある機会をつかむことで、若者は現状に適応することが期待されている。だがこの期待は、問題になっている生徒たちすべてに、魅力的とは感じられていない。

【抜粋8の続き】

エスターが話している間、フェリックスとギュルデンだけがしっかり聞いており、アントンは他の生徒とふざけあって笑い、フランツは眠り、トーマスはトイレに行ってしまう。エスターは続けて、熾烈な競争があることを強調し、大

きな声でこう言った。「この後は、勝手には進んでいかないんですよ！」さらに、彼女は、この状況で最も重要なことは、生徒の個人的／社会的な人脈だと付け加える。それは、生徒たちが個別の学習プロジェクトの間に培うものとされている。言い換えれば、生徒たちはネットワーク作りに取り組むよう勧められている。

　（著者のフィールドノーツからの抜粋）

　すべての情報は一つの明確な結論に導かれた。今は2月で、6月には、フェリックスやギュルデン、他の若者たちは、もはや生徒ではなくなる。そうなったらどうなるのか？

ギュルデンは、将来のための決断をしようとしているⅡ

　この文脈で、ギュルデンは年間計画と、彼女のパソコン・ファイルにある日付入りのレポートによって組み立てられた時間性に従って、次の年、つまり次の段階の卒業後のために、自分自身で何かを計画しなければならないという強いプレッシャーを経験した。この文脈で、ギュルデンの担任であるモニカは、研究者の私を連れて、ギュルデンのインターンシップ先である美容院の美容師とオーナーを訪ねた。この訪問は、伝統的な学校組織の立場からすれば異例といえる動きである。このとき、二つのレベルで暗黙の同意があった。

(a) ギュルデンの成績は、教師の立場から見ても美容師の指導員から見ても良いものであった。これは、ギュルデンがあらゆる面で支援を受けるにふさわしいことを意味し、教師の立場からも美容師の指導員の立場からも、ギュルデンが自身をそうだと考えるならば、彼女はこのような訓練を受けるのに十分なほど「発達した」と見なせるだろう。

(b) 双方が、「今しかない」理論に従って、ギュルデンがすぐに美容師の訓練を開始する決心をすることを望んでいる。このような訓練が成功するためには、ギュルデンが自分で決断すべきことは明らかである（言説編成が達成されるためには、個人主体というエージェンシーが必要である）。しかしながら、残りの学校生活の中で、教師と美容師の指導員は、ギュルデンと話し、今、美容師としての専門訓練の開始を決定することを支援するのである。

（著者によるフィールドノーツの要約）

　ギュルデンは実際に、短期のインターンシップを指導した美容師に、さらに専門的な訓練を受けたいという決心をはっきりと伝えた。その望みは受け入れられ、彼女の美容師になることへの関心の表明は、拘束力のある言明となった。このすぐ後、ギュルデンは卒業式で、担任のモニカからの個人的な手紙という形式で書かれた、公的なサイン入りの通知表が与えられた。以下はそのいくつかの抜粋である。

【抜粋9】
親愛なる＃ ギュルデン ＃、卒業おめでとう！　この第二学期で、あなたは、またしても自分の能力のすべてを発揮することができました。[. . .] あなたのインターンシップの選択は、完璧にぴったりでしたね。週を追うごとに、あなたは＃地区の名前＃にある美容院に馴染み、新しい挑戦にも取り組みました。あなたの手作業の才能、親切で思慮深い接客態度、清潔さを保つ目は、同僚の人たちがあなたに喜んで責任ある仕事を任せ、仕事ぶりを絶賛する決定的な要因でした。[. . .] 親愛なる＃ ギュルデン＃、これ以上あなたに何を望めるでしょうか？　あなたの夢の職業の専門的訓練の場、そしてすでに仕事場であり自分の家であるかのように出入りしている美容院を見つけたことに、もう一度お祝いを言わせてください。おめでとう！
　（学校の公式通知表、原本の似ているパラグラフを10個程度除外した。ドイツ語から英語への翻訳は、著者とエワ・コーウェルによる）

　ギュルデンの決定が熟慮したものであったかどうか、教師が書いているように彼女がインターンシップの場で本当に我が家のように感じていたかどうか、あるいはむしろ「緊急事態」に置かれていたかどうかを判断するのは困難である。こういった対抗－言説的な側面を排除し、「今しかない」という言説が意味を持ち続け、ギュルデンが生徒から研修生となり、そして美容師として働くという段階を踏むためには、ギュルデンが専門的訓練をすぐに開始するという決断を正式に表明する最後の瞬間まで、多くの作業と媒介が確かに必要であった。学校教育の全体、学校で行われるプロセス全体の成功とその意味は、この最後の、学校と就職市場との接続にかかっていた。
　しかし、ギュルデンにとって美容師になることが良い選択だったのかどうか、

そしてどのような根本的に異なる選択肢がありえたかということは、またしても議論されなかった。ギュルデンは、彼女が直面した「専業主婦か美容師か」という暗黙の矛盾が嘘であることに、いつでも気づけたはずである。この二元論理を逃れる、たくさんの可能性があったからである。もちろん、ギュルデンが卒業後の何年かをかけて、より高等な中等教育や大学教育を受けたいと思っても、彼女の卒業証書にはその資格がないため、法律的に不可能である（本書の序章の注［10］参照）。しかしながら、「専業主婦か美容師か」というジレンマは、この学校における支配的な言説に属しており、全く異なる発展性——たとえば、政治活動、革新的な社会的−経済的な変化、倫理的−政治的な転換——を排除するものであった。「今しかない」という押しつけられた記号的秩序は、将来においても社会は変わらないという理解をより妥当なものにするのに貢献している。この理解はまた、ギュルデンのような生徒の失業率は高いが、彼女は例外であって、訓練を受けた後に「成功した」かたちで就職するだろうという幻想も含んでいる。しかしこれは、実際には、彼女がより広範な社会的−経済的・倫理的−政治的な矛盾の領域で経験した**ドラマ**を解決するものでなく、先延ばしにするだけなのである。

　この記号的・時間的な秩序は、ギュルデンの日報や週報、パソコンの個人ファイル、年間計画、各種質問紙、履歴書、ダイアグラムやその他の媒介物、そして最終的に、上記の学校の公式の通知表の**中で具体化されていた**。それらの媒介装置はギュルデンの発達を**組織し、方向づけ、客体化した**。近年の文化人類学的教育研究において、学校の儀式に多くの注目が集まっている（Gebaur & Wulf, 2003; Wulf & Zirfas, 2004, 2007）。しかし、いまだに研究されていないのは、発達を客体化、安定化、制度化する、多くの儀式の「背後」にある、媒介装置である。**客体化**という用語は、何か曖昧なもの（日常生活において進行している相互行為）を客観性のあるものとして受け入れられる方法で目に見えるものに変換することを示すために用いられる。この用語はまた、曖昧な考えを物質へと、たとえば文書として、具体化することを指す。上記の公式に署名された学校の通知表がそうである（Kontopodis, 2009a 参照）。

まとめ
―― 学校で時間と発達を行う

アンリ・ベルクソン（Bergson, 1896/1991）によれば、二つの時間を区別することができる。すなわち、(a) 延長的で、空間化され、測定された量としての時間、(b) 集中的で、生きられた、質としての時間である。これまでの分析を通して、この二元論を超えて、心理的な発達は集中的なプロセスである同時に、延長的で量的な時間的媒介装置によって組織されてもいる。私たちはヴィゴツキーから、次のことを知っている。

> 子どもの文化的発達におけるすべての機能は二度舞台stageに、すなわち、二つの場面planesで現れる。まず最初は社会的な場面に、次に精神的な場面に、すなわち、最初は精神間的カテゴリーとして人びとの間に、次に精神内カテゴリーとして子どもの内部に現れる。 [...] この命題は正当に法則と見なすことができるが、この外部から内部への移行はプロセスそのものを変形させ、その構造と機能を変化させると理解される。発生的に、あらゆる高次の機能およびそれらの関係の基礎には社会的関係、人びとの現実的関係が存在する。 [...] それゆえ、私たちは子どもの文化的発達の歴史がもたらす基本的結果を、行動の高次の形式の社会的発生と呼ぶことができるだろう。（Vygotsky, 1931/1997, p.106）

ここでヴィゴツキーが「舞台stage」と「場面plane」という用語を使っているのは偶然ではない（Veresov, 2004）。第1章で述べたように、ヴィゴツキーは、発達を**ドラマ**の観点から、つまり予測できないかたちで展開し、予期しない結果をもたらすドラマチックな衝突の観点から考えていた。ヴィゴツキーはハムレットの悲劇（Vygotsky, 1925/1971）と発達の危機（Vygotsky, 1932-1934/1998）の分析において、与えられたものと現れつつあるもの、過去と未来の間の緊張に魅了された。ギュルデンは、一方で強い危機を経験し、他方で、この危機は、発達に関わる制度（学校と職業訓練センター）が与えるテンポで、また教師や周囲の大人たちの行為を通して、延長的な時間において経験され、対処された。教師による行為は制度的なペースに従うだけでなく、それをも超えるもので、ギュルデンに決断は「今しかない」とプレッシャーをかけた。

教師とギュルデンは、時間を個人的発達、意思決定、リスクをとるプロセスと

して語るのと同時に、時間は計画、レポート、手続きといった社会物質的なレベルで組織化されていた。そして教師とギュルデンは、生徒から訓練生、そして求職者への彼女の発達プロセスを彼女の「中で」生じる何かとして認識しており、美容院を訪問した教師と、上述した媒介装置の使用によって、学校と職業訓練施設の間の連続性が確立された。

　この分析をさらに進めると、時間と発達は自動的に展開するのではないと言えるだろう。そうではなく、特定の関係が顕現し、他の関係が顕現しないようにするためには、多くの作業を必要とするのである。発達を**なすこと**は時間を**なすこと**であり、逆もまたしかりというかたちで、発達と時間の両方が、相互に組み立て合い、絡み合い、共に進んでいく。**なすこと**という概念は、ギュルデンの事例における発達は非常に多様な道筋があり、上記のような発達は多くのうちの一つの可能性にすぎないことを強調している。教師たちの言説は、発達の秩序を作り上げただけでなく、この学校における発達のしかたを制度化し、正当化した。ギュルデンがこの学校の制度的管理を逃れる直前に、すぐに次の管理的制度である就職市場と職業訓練に入るため、「今しかない」を基礎にして時間が顕現した。

幕間　「これじゃ何も始められないんだ」

> 「私は自分が何者かを正確に知る必要はないと思う。人生と仕事における主な
> 関心は、はじめはそうでなかった別の何者かになることである。」[1]

　これまでの章では、ドイツの実験学校の二人の生徒の具体的な事例を検討した。
それらの生徒——フェリックスとギュルデン——は、過去学業に失敗し、18歳
になろうとしており、調査時点で、15歳ですでに取得しているべき卒業資格を
得ようとしていた。そのため、さらに教育を求めたり、就職市場に参入するチャ
ンスは非常に限られていた。私はヴィゴツキーの**危機**と**ドラマ**の概念を用いて、
生徒たちが生きてきた危機的状況を記述した。フェリックスの危機は、逸脱行為
とドラッグの摂取（これは暗黙に彼のジェンダーを物語っている）というかたち
で表れ、ギュルデンの危機は、将来の人生において専業主婦になるか美容師にな
るかの間の選択（これは明確に、彼女のジェンダーとトルコ人という民族に関連し
ている）というかたちで表れていた。

　両方の事例において、学校で利用できる媒介装置と教師たちの介入が、彼らが
危機的状況に対処する方法をどのように形成したかを検討した。また両方の事例
において、フェリックスとギュルデンは、少なくとも彼らの教師の視点から見れ
ば、ひときわ「成功した」生徒であると言える。この「幕間」では、成功してい
ない生徒の事例に焦点を移そう。そうすることで、フェリックスとギュルデンの
事例で起こったようなしかたで生徒の個人的危機に対処すること、すなわち、こ
うした個人的危機が生じるより広範な新自由主義の危機に直接的に対処すること
なしに生徒の個人的な危機に対処することがどれほど困難かに、さらに光を当て
るつもりである。

「これじゃ何も始められないんだ」

　これまでの章で示してきた学校におけるフィールドワークをしていたとき、17
歳の黒人男子生徒のアントンが、インタビュー中に話を止めて、私にこう尋ねた。
「打ち明けたいことがあるんだけど、いい？」それから彼は30分ほど、私が口を

挟む間も与えず、一気に語った。以下は、その語りからの抜粋である。

【抜粋1】

1. A：＜僕にとってそれは、どうして＞ミカリス、わかるかな
2. どうして自分には＾問題じゃないかってこと、
3. I：　　　　　　　　　　　　　　　　うん
4. Λ：どこで職業訓練するかってことはね。（それは）どこでもおんなじさ
5. I：　　　　　　　　　　　　　　　　　　　　　　うん
6. A：もし、僕、僕が何かして、いい、WH＞（...）＜CR えっと、
7. 現実的じゃなくていけなくて、＜もしそれ、喜んで、／喜んでやるとしたら、
＞
8. それは絵を描くことだからで、喜んで
9. 何かのグラフィックス（学校／仕事）に行くよ CR＞
10. I：　　　　　　　　　　　　　　　うん
11. A：＜WH でも、そこで僕は何ができるんだろう？　僕は
12. そのための卒業資格を持ってないし、僕は＜それ、そういった＞それの
13. 資格がない。わかる？（...）専門に進むには遅すぎるんだ WH＞
14. I：[うん]
15. A：[僕は]（自分の）職業訓練をそこでやるよ、[問題ないさ、でも]
16. I：　　　　　　　　　　　　　　　　[うん。うん。]
17. A：＜P 僕は何も P＞これじゃ何も始められないんだ。

　　（インタビュー3からの抜粋。文字起こしとドイツ語から英語への翻訳は、著者とヴィクトリア・バッハマンによる）

　このインタビューのとき、私はすでに、クラス唯一の黒人生徒のアントンとの間に良い信頼関係を築いていた。その当時、私は不完全な文法のドイツ語を話していて（私の母国語はギリシャ語）、そのことが、アントンのような生徒にとって私が教師としてではなく、教師と生徒の間の中間に位置する人物として認識された一つの理由だったと思う。

　そのうえ、私は大卒であるにもかかわらず、ギリシャから来て、社会保障基金や健康サービスへのアクセスなどの状況がドイツ人よりも悪いという事実から、調査している周縁化された若者よりも、さらに不安を感じることがしばしばあった。ギリシャでは、奨学金や研究基金システムが有効に機能しておらず、そのた

め私は博士課程の院生としてドイツで調査している間、経済的にかなり困窮していた。また、ギリシャの社会保障制度の赤字を考えると、長期間失業状態で、貧困にあえぎながら暮らす可能性があることに大きな不安を感じていた。私に対して攻撃的な生徒や怒りを向ける生徒がいなかったのは、おそらく、この状態と態度のゆえであったろう。そして特にアントンの事例では、私たちは互いに強い連帯を感じていた。

　上記の抜粋で、アントン（A）はささやくように語り始めたが（＜WH . . . WH＞）徐々に大きな声になり（クレッシェンド：＜CR . . . CR＞）、特定の単語（＾）やフレーズ（／）を強調し、一時的にとても小さな声（ピアノ：＜P . . . P＞）で話した。彼は私に、グラフィックデザインの学校に通って、将来はこの分野の仕事に就きたいと言う —— しかし、**彼はそうできない**。できないのはそのための卒業資格を持っていないからである。そのため、今通っている学校で提供される職業訓練のどれも、選ぶ気になれない。実際、選択肢がないからである。選択することは「問題じゃない」、それは「どこでもおんなじ」、とこの生徒は言う。「これじゃ何も始められないんだ。」

　アントンの危機的状況をヴィゴツキーの心理学理論の観点から捉えると、発達は具体的な認知的スキルや専門的スキルの発達ではなく、他の人びとや社会の全てとの**関係性**における、**全人的**な発達であると言える。この発達は認知的であると同時に感情的でもあり、ヴィゴツキーが言うように、**ドラマチック**である。ヴィゴツキーによれば、学習と発達は主に環境や教師、あるいはどんなカリキュラムによってでもなく、自身の意図、欲望、動機に沿って行為し、利用可能な文化的語義と道具をどう使うかを決定することに能動的に参加する、学習し発達しつつある主体それ自体によって駆動される[2]。まさにこの点で、上記の抜粋から、学校言説の中で利用可能となった語義がアントンにとっていかに**意味**のないものであったかが、非常に明確になる[3]。

　アントンは、より広範な社会的−経済的・倫理的−政治的な次元を持つ深刻な個人的ドラマを経験している。たとえドイツが世界で経済的に最も豊かな国の一つであるとしても、アントンは他の多くの若者と同様に、おそらく低賃金の不安定な労働者になるか、一生を失業者として過ごすだろう。場合によっては、違法行為に関与したり、ホームレスになったり、精神疾患で苦しむかもしれない（序章参照）。フェリックスやギュルデンの事例のように、発達に「成功した」事例であっても（これまでの各章を参照）、「基幹学校」の卒業資格では、その後の人生でいかなる種類の大学の教育課程にも進学することはできない。それなのに、

なぜアントンのような生徒が学校に通い、よく勉強する気になるだろうか？　さらに難しいのは、周縁化された環境ではよく見られるように、生徒たちが欠席したり、病気になったり、妊娠したり、満たされなかったり、障害をもったり、などのさまざまな状況に急に陥る場合である。

【抜粋2】

　木曜日の11時少し前、私は教師のモニカ（仮名）と、学校からかなり離れた市内のあるところで会う約束をした。その前に会ったのは2日前の学校だった。私たちは11時に、生徒の一人がインターンをしている美容院に行くことになっているが、まだ少し時間がある。

Ｉ：その後どうですか？
Ｍ：学校にいたんです —— イライラして。昨日ナンティーンが来なくて、彼女のセラピストに会ってきたばかりなの。それに、アントンは＃会社名＃でのインターンシップを続けたくないのよ。

　モニカは早口で言い、息切れしそうだ。私は注意深く聞く。私たちは美容院に入る時間であることに気づいた...

　30分後、私たちは喫茶店に座り、生徒についての情報を共有して振り返るための時間をさらに持った。それは私がフィールドに入って9か月目で、モニカは直面するさまざまな問題について私の意見を必要としており、私は事例研究を行うために彼女からの情報を必要としていた。私はいろいろなことがどのように展開したのかを印象深く感じ、すぐにモニカが経験している不安や関心を理解し、共有していった。私は彼女の立場に身を置いた。突然、私は次のことがわかった —— まさに彼女もわかったように。

1）アントンは、モニカから見れば非常に魅力的な彼のインターンシップを続けたくない。彼が言うように「気が進まない」からである。
2）ジャスミンはずっと病気で、そのため、彼女とモニカ（彼女の担任として長いこと会っていない）との面会がキャンセルされた（再度）。
3）ダニエルが学校の壁に何かを書いてしまい（つまり、その壁は今、塗り直さなければならない）、校長が怒っている。この緊張状態と保留にされている処罰は、今後ダニエルの不登校を引き起こすかもしれない。

4）加えて、モニカはナンティーンと彼女のセラピストに会うことになっていた。しかし、ナンティーンはまたも姿を見せなかった。セラピストとの話し合いの中で、モニカはナンティーンが彼女（ナンティーン）の両親と連絡をとった事実を隠していることを知った。モニカはこの件をどうしたらよいかわからず、ナンティーンの行動を「戦略と病気の間にある何か」と呼んでいる。

　私は注意深く聞き、心配になった。私は提案やコメントをした。私の反応によって、私たちの間の雰囲気はより信頼感のあるものになった。モニカは安心して、最も重大な問題で、最もプライベートな情報を私に打ち明けた。

5）ロナルド（別の生徒）が学校の他の生徒と関係を持ち、その少女は現在妊娠している。モニカはショックを受けていて、早口で話し、私の目を直視して、しばし沈黙する。二人共黙ったまま、全体の状況の深刻さをじっくり考えながら、互いから安心を得たいと期待し、すべてが良い方向に転ずることを願った。モニカが話し終えた後、私たちは、何とかすべてを整理しようとし、そして各生徒にとって何がベストかについて考え、持ち合わせている彼／彼女についての情報をすべて考慮に入れて、モニカが次にとるべきステップについて決めようと試みた...

（フィールドノーツの要約、著者によって英語で書かれた）

　上記の、モニカとの打ち合わせからの抜粋には、周縁化された生徒の日常生活、不確かさ、強烈さ、ドラマが凝縮されている。生徒の日常生活は非常に**ドラマチック**である。生徒はサブカルチャーに属し、社会的・経済的な問題に直面し、教師とは異なる価値体系を持っている。多くの事例において、これは学校での失敗を意味している。教師たちは、さまざまな理由からこの学校教育モデルに参加することに失敗した生徒たち、つまり、説明責任を持った信頼できる求職者として大人になることに失敗した生徒を、どのように扱えばよいのかわからなかった。生徒の側も、しばしばこの実験学校を「希望のない人びとのための統合学校」と定義づけて、成功と応答責任についての教師たちの言説と彼らの就職市場における低い見通しとの間の矛盾に皮肉な態度で応じる。

【抜粋3】
あるとき、休憩時間に、学校の前の通りでタバコを吸っている生徒に、英語を

話す人がこの学校は統合のための学校かと尋ねた。よく面白半分で英語を話すドイツ人生徒のロナルド（仮名）は、聞いている皆への冗談のつもりで、皮肉っぽくこう答えた。「そうです、＜これは＞**希望のない人びとのための統合学校**です。」

（ドイツ語で書かれたフィールドノーツを著者が英語に翻訳したものからの抜粋。強調部分はもともと英語）

自己のテクノロジーの失敗

では、上の抜粋にあるアントンのように、あるいは上記の打ち合わせでモニカが述べたナンティーンやロナルドのように生徒たちが感じたとき、何が起こったのだろうか？　抜粋4は、また別の生徒マフムトに関するメモで、さまざまな機会に書かれた記録をまとめたものである。これは、欠席による放校の警告に添付されたもので、同日マフムトの両親に送付され、マフムトの教育成績に関する公式文書に保存されている。

【抜粋4】

マフムト

11月の中旬からインターンシップ先がない。新しい先は探していない。また教室にも不定期にしか来ていない。放校の警告。（実際、すでに彼自身やめることを望んでいる：母親はそれに反対している）。12日間（の欠席）。

（著者がドイツ語で書いた小さな手書きのメモからの翻訳。翻訳は著者による）

過去はここで、もう一度客体化される。さらに、それは濃縮されている。つまり、この書き留められた文章は、大量の生徒とのやりとりや同僚との議論を結論づける大量の翻訳を元にしている。マフムトの担任教師によって書かれたこのメモは、短いが強力である。それは、意味のある全体像を与える短いフレーズへと長期間にわたる出来事を翻訳することで、一つにまとめている。出来事は事実へと変換される。

マフムトの欠席それ自体が問題なのではない、ということを指摘しておかねばならない。それよりも重要なのは、指摘された事実と関連する解釈なのである。欠席の解釈のためには、生徒のプロフィールが必要となる。文章が言及し、書かれているすべての動詞の自明の文法的主語である欠席している人物はマフムトで

あり、彼は時間の経過の中の統一体として再構築される。括弧付きの注釈が追加される。「（実際、すでに彼自身やめることを望んでいる；母親はそれに反対している）」。ここでは、行為は個人的歴史として記憶され、制度化されている。詳細な情報が失われているにもかかわらず、実際、私たちは生徒の過去に続く将来（放校／失敗）を想像することができる。

制度がその秩序を押しつける最後のチャンスは何だろうか？　他の生徒と私がいた教室で、ウォルフガングはマフムトともう一人のトルコ系の生徒に向かって、怒って大声で、彼らの論理は受け入れられない、「今」変わるか「決して」変わらないかのどちらかだと言った。

【抜粋5】

「約束しましょう。私はすぐに次の（つまり最後の）手紙をあなたのご両親に送ります、もしあなたが変わらなければね。（...）私はあなたの行動を好ましく思っていません。あなたは働きません；あなたは学校を喫茶店くらいにしか見てないようです。私は働いていて、ここに居たい人たちとだけここで働きたいのです。＃トルコ人の男性名＃と＃トルコ人の男性名＃にも同じです。私は、『もし...＾何か起これば別人になる。』という論理を受け入れません：<F 今変わるか、決して変わらないか！ F>. これが、あなたに伝えたかった話です。＾10年生のときに、こんな説教は必要ないと思っていました。」

（フィールドノーツ、著者がドイツ語から英語に翻訳）

しかしマフムトは行動を変えず、学校を欠席し続け、書類も書かず提出もしなかった。これらのことすべてが、ギュルデン用に書かれたものと同じくらい詳細に学校の教育報告に記載されているが、その内容は、容易に想像できるように、正反対である。第1章と第2章で述べた教師たちの「放任主義」と、合理的で、首尾一貫し、説明責任を果たす存在であるようにという期待を満たすことができなかった生徒に対する厳しい結果とが相まって進んだ。これらの結果は、低い学業成績に始まり、マフムトやアントンの事例のような学校での完全な失敗、最終的には失業と全般的な周縁化に至る。しかしこれは、本当に生徒の失敗なのだろうか？

ここで提示した、私のエスノグラフィー資料となった事例、そしてこの特定の学校は、例外的ではない。この三つの章で述べた実験学校は、生徒を活性化させ、就職市場に参入することを目指した「新時代の」教育機関であるように思われる。

すでに述べたように、この学校における生徒は18歳前後で、何人かは少し若かったり、年齢が上の生徒もいる。これらの生徒は学業に失敗した長い歴史を持っている。つまり、彼らは18歳前後でありながら、通常は15歳で取るべき卒業資格を得るために学校教育を続けていた。

　教師は、既存の社会に適応するよう生徒を変えることについて語っている。彼らは、その学校の周縁化された生徒について、実際に社会的－経済的・倫理的－政治的な変化をもたらすことのできる集合的な主体として語らず、彼ら自身を変えることしかできない個人として語る。その結果、生徒たちはこうした実践にほとんど意味を見出せず、往々にして学校での失敗に至る。グレゴリー・ベイトソン（Bateson, 1972/2000）の言う**ダブルバインド**、つまり、個人（あるいはグループ）が二つ以上の矛盾したメッセージを受け取り、一方が他方のメッセージを否定するというコミュニケーションの中で感情的に苦痛を与えるジレンマに、彼らは捉えられているようである[4]。「成功」の事例でさえ、約束された将来は幻想であり、フェリックスもギュルデンも教育は最低限可能なものであり、それ以上別のことやより良いことを学ぶことは法的に許されておらず、不安定な労働者になるのである。生徒たちは、この状況をメタな立場から見て、内在するジレンマに打ち勝つ手段を与えられていない——彼らは「どちらか」「あるいは」という、彼らにとって部分的にしか意味をなさない二元論的論理に閉じ込められ、しかし同時に、そこから逃れることも克服することもできない。生徒たちが経験する危機に内在する矛盾は、いかなる言説にも含まれず、語られることもなく、いかなる発達のための資源として利用されることもない。上述したすべての事例において、生徒たちは現在の状態からすでに与えられた未来（「成功」か「失敗」のどちらか）へと、より広範な変化や革新が起こることなく、移動したのである。発達のこのタイプは、**可能的発達**として見ることができるものである。

　現実化される可能的なものと、**顕在化されるかもしれない潜勢的なもの**との間には、違いがある。潜勢的なものは、以前には与えられておらず、与えられた現在から与えられた未来に移動することによってではなく、過去、現在、未来を想像したり認識する方法を変えることによって、新しい関係性が発達し、新しい発展性が出現することである。単に自己を満たすだけの専門職という概念を否定し、代わりにより良い社会を築くことへの自分の専門的活動による貢献について議論することは、潜勢的発達の一つの例であると言えるだろう。より広範な社会的－経済的・倫理的－政治的な変化を志向して就職市場や市場経済一般が組織されるあり方を批判することも、この後の第3章と第4章で見ていくように、潜勢的

──可能的ではない──発達のもう一つの形態であるだろう。第3章、第4章では、生徒自身を変えるのではなく、より広範な社会的−経済的・倫理的−政治的な変化に貢献することに焦点を当てた、まったく異なる学校実践を探求する。

第3章　フリーダムライターズ、カリフォルニア 1994〜1998
—— メタ省察が学校における学習と発達のためのラディカル に新しい発展性をつくり出すとき

> 変化は個人的な出来事ではなく、社会的関わりの問題である。社会秩序をつく
> り変えること、他者になることから自分自身へと向かうことは、社会的な関係
> において生じる。排除は社会的関係性において顕現するが、社会的関係性はリ
> ベラルな政治的合理性や実践によって完全に制約されるわけではない。それら
> には余剰があり、排除の支配的な形式に異議を唱える発展性を開くことができ
> るのである[1]。

　前の諸章では、ドイツの実験学校において、周縁化された18歳前後の生徒た
ちが —— 多少とも効果的な方法で —— 自分の行動に説明責任を持つことを学び、
また職業教育を受けて就職市場に参加するという目標を持って、職業志向を発達
させるように促された事例を検討した。私は、どのように生徒たちが自分の過去
の行動について導かれた省察を行い、どのように彼らの個別性が組み立てられて
顕在化したのか、そして少数の生徒たちがどのように学校の言説的で時間的な装
置を取り入れて、自分たちを将来に向けて方向づけたのかを観察した。私はまた、
この未来志向の時間性が、学校においてどのように組み立てられたのかについて
も検討した。

　私は、特定の発達的な時間性、つまり求職者になるという与えられた未来の状
態へと移行していく時間性を組み立てる上での、学年計画や発達のダイアグラム
のような媒介装置の役割について検討した。さらに私は、この発達的な時間性の
実行を顕現させるために教師たちがとった、介入を強調した。そして、教師の視
点から見て成功しなかった生徒たちの事例を検討し、生徒たちの個人的な危機に
対処することは、これらの危機が現れるより広範な新自由主義の危機を取り上げ
ることなしには、ほとんど不可能であることを論じた。

　私の分析は、この枠組みにおける発達がいかに権力関係を再生産するか、そし
て実際、周縁化された生徒たちが彼らの個人的な危機と、より広範な社会−経済
的、倫理的−政治的な矛盾との関連性を扱うための方法を、いかにほとんど与え
ていないかについて明らかにしたのである。検討したすべての事例において、与

えられた未来の発達状態が顕現され、この未来の視点から生徒の現在だけでなく過去が見られ、評価されたと言える。理想的には、過去と現在が、多くの発達理論とモデルに従って、この与えられた未来の状態を導くべきなのである。

　以下では、周縁化された生徒たちが、自分たちの集合的な過去を共有することを通して、「自分たちの未来」についての支配的な時間的、言説的な理解をいかに逃れることができるのかを探求する。分析は、カリフォルニア州ロングビーチの公立学校で行われた、とりわけ革新的な教室プロジェクトに移る。問題のある教育歴を共有しており、社会的周縁性、ジェンダーにもとづく差別、経済的な困難、そして家族に関連した問題という発達の危機を形成する共通の特徴を有する生徒たちに、継続して焦点を当てる。そこでは、学校における発達の感情的－集合的な次元と、学習と発達におけるメタ省察の役割に特に注目する。

学校でメタ省察的に書く

【抜粋1】

大人になったら学校を中退するか、妊娠するかのどちらかだと昔から思っていた。だからG先生が大学について話し始めたとき、それは私にとって外国語のように感じられた。彼女は、私のような女の子は大学に行かないということを知らないのだろうか？　G先生を別にすれば、私は大学に行ったどころか、高校を卒業した女の人すら一人も知らないのだ（. . .）。だから、彼女が「みんなは何でもできる」「どこにでも行ける」、そして「どんな人にでも（大統領にでさえ）なれる」と言い続けたとき、頭がおかしいのだと思った。私は、大学に行けるのはお金持ちの白人だけだとずっと考えていた。どうして、彼女は私が大学に行くなんて期待をしたのだろうか？　所詮、私は貧民街に住んでいて、肌の色は茶色なのだ。(Gruwell, 1999, pp.202-204 —— *The Freedom Writers Diary* by The Freedom Writers with Erin Gruwell, Copyright (C) 1999 by The Tolerance Education Foundation) [2]

　ここに示した抜粋は、フリーダムライターズ・プロジェクト——1994年から1998年まで、カリフォルニア州ロングビーチの公立学校において行われた、革新的で、非常によく知られたプロジェクト——の中で、メキシコ系アメリカ人の匿名の女の子が書いたものである。批判的な研究者たちは、肌の色、ジェンダー、エスニシティ、そして社会階層が、教育やキャリアについての社会的な期

待の中にどう現れ、そしてその結果として、女の子や若い女性の達成にどう影響を与えるのかを広範囲に分析してきた（Conchas, 2006; Walkerdine, 1988, 1990, 1997, 1998; Walkerdine, Lucey, & Melody, 2001）。ポーリン・ガルシア＝リードはまた、ヒスパニックの女の子たちの動機づけと教育に対するソーシャルキャピタルの影響についても検討している（Garcia-Reid, 2007）。

　この文脈において、彼女のエスニシティのために、このメキシコ系アメリカ人の匿名の女の子は、学校を中退するか、妊娠するかだと思われていた。しかし、この未来を自明のものとして受け入れるのではなく、メキシコ系アメリカ人の匿名の女の子は、この未来が貧民街に住んでいることや肌の色について人びとが言うことによってどのように媒介されているのかを、対話的なやり方（Bakhtin, 1981）で省察するのである。ここでは**自己のテクノロジー**からの脱出が行われ、過去と未来が**メタ視点**から眺められる。この生徒は、自分の本当の興味や本当の考えが何かを理解しようとすることによって、自分の達成や自分自身を省察するのではない。彼女は、自分が普段どのように考えているか、そしてこの「普段の」思考の条件について省察する。このようにして、この生徒はメタ省察の活動を行い、彼女の**発達の社会的状況**はラディカルに違ったものとなる。

【抜粋1の続き】
　しかしG先生は、私の出身や肌の色は問題ではないのだと私の頭にたたき込み続けた。さらに彼女は、『メキシコ系アメリカ人として育つ（*Growing up Chicano*）』という題名の、私と似ているけれども貧民街を抜け出すことに成功した人たちについての本を私にくれた。今日、授業中に彼女は、私たちに将来の目標についてスピーチをさせた。彼女の頭のおかしさのいくらかが、私に移ったのだと思う。なぜなら、私は、教師になろうと考えている自分に気づいたのだ。（Gruwell, 1999, pp.202-204, 先の抜粋からの続き。著作権は注 [2] に同じ）

　この匿名の書き手は、ギュルデンとサミラのナラティヴ（第2章参照）におけるように、学業成績と職業志向の特定の条件について報告するにとどまらない。彼女は新しい立場から、自分の個人的な発達だけでなく、より幅広い社会的変容に関係する別の未来を思い描くために、現実を眺めるのである。このメキシコ系アメリカ人の匿名の書き手が、彼女の個人的な危機が**関係的な全体**の中で展開しており、その関係がまったく違ったものでもありえたことに気づいたまさにその

瞬間、この変化が始まる。この匿名のフリーダムライターは、限定された期待に
つながりえる周縁化の経験の自信を無くさせるような効果を明らかにするよりも、
抑圧的な環境を批判し、高等教育や「人間の国を築く」ことに貢献するという彼
女の目標を含むように自分自身の未来を書き換えるため、自分のナラティヴ空間
を利用するのである。

【抜粋1の続き】

私は、自分のような若い女の子にも、「どんな人にでもなれる」と教えること
ができると思うようになった（...）。私は初めて、貧民街に住むことや、茶色
の肌を持つことについて人びとが言うことが、私に当てはまらなくてもいいの
だと気がついた。だから、私は家に帰ってから、この詩を書いた。

「人は言う、私は言う：人は私が茶色だと言う／私は誇りに思うと言う／人は私
が料理のやり方しか知らないと言う／私は本の書き方を知っていると言う／だ
から私を見た目で判断するな／人は私が茶色だと言う／私は誇りに思うと言う
／人は私がこの国の未来じゃないと言う／私は言う／私を差別するのをやめろ
／代わりに／私は教育を受ける／人間の国を築くのに貢献するために。」私は
明日、この詩をクラスのみんなの前で読むのが待ちきれない。（Gruwell, 1999,
pp.202-204. 先の抜粋からの続き。著作権は注 [2] に同じ）

　発達は、もはや可能性（妊娠する、そして貧民街に住む）の実現ではなく、潜
勢性（教師になること、そして社会の変革に貢献すること）の顕在化である。メ
キシコ系アメリカ人の匿名の女の子が書いた日記を通じて生じたことは、同じも
の（つまり彼女自身）の「回帰であるが、しかしそれは違っている」(Nietzsche,
1891/2005) のである。なぜなら、それは違った関係性 —— 潜勢的にそこにあり、
今や顕在化された関係性 —— に埋め込まれているからである [3]。

フリーダムライターズ・プロジェクト、カリフォルニア 1994〜1998

　上述したメタ省察的な思考と文章の生成は、ただちに単一の事例として起きた
のではなく、長期的な協働的生成の結果であった。たった一つの教室において
徐々に発展していったフリーダムライターズ・プロジェクトは、教育実習生の

エリン・グルーウェル（彼女の担当科目は英語だった）によってリードされたが、彼女はアメリカのカリフォルニア州ロングビーチにあるウッドロウ・ウィルソン高校の、成績最下位の生徒たちを担当していた。彼女は、1994年から1998年までこのグループをリードし、彼らは後になって**フリーダムライターズ**と呼ばれるようになった[4]。このプロジェクトは、カリフォルニア州ロングビーチにおける制度的な欠点、そして教育問題とより広範な社会問題という危機的な状況の中で現れたが（Houck, Cohn, & Cohn, 2004 参照）、その危機的状況は同地における人種間のギャング抗争の勃発というかたちをとって表現されてきた。このプロジェクトは、まったく前もって計画されたものではなく、むしろ、教師であるエリン・グルーウェル、生徒たち、校長、そして権力関係から自由になりたいという共通の**願い**に導かれた他のアクターたちの間の対立、共有、理解の長いプロセスの結果であった[5]。

　ウッドロウ・ウィルソン高校にやって来た生徒たちは、前の章で言及したドイツの学校の生徒たちと同様に、10代の後半に異なる民族的背景から集まり、社会的排除、最小限の経済状況と評価されない文化的資源、家族に関する問題、低い教育レベルというドラマチックな経験を共有していた——とは言え、ドイツの生徒たちは、ロングビーチのウッドロウ・ウィルソン高校の生徒たちが向かい合っていた銃撃と殺人の悲劇に直面してはいなかった。生徒たちは、意欲を掻き立てる教師と協働してフリーダムライターズ・プロジェクトをさらに発展させることへと加わることで、彼らの個人的ドラマを第1章と第2章で議論したドイツの学校の生徒たちの事例のように個人的にではなく、集合的に扱うための方法をつくり出した。

　フリーダムライターズ・プロジェクトは、ミシェル・セールの言う意味での**ジョーカー**と見なせる媒介装置、この事例では絵から始まった[6]。学年度が始まって数か月の頃、エリン・グルーウェルの生徒の一人が、唇が極端に大きいアフリカ系アメリカ人のクラスメートを描いたメモを回した。しかし、この絵は、アフリカ系アメリカ人の生徒たちを差別しようという期待された働きを果たさなかった。教師のグルーウェルはその紙をつかんで激怒し、この唇の厚い漫画はナチスがホロコーストのときに使ったプロパガンダと同じだと生徒たちに話した。一人の生徒が彼女に、「ホロコーストって何？」と尋ねた。その瞬間、グルーウェルは、彼女自身が回想するように、「すぐさま綿密に計画した［自分の］授業を投げ捨てて、寛容を自分のカリキュラムの中心にすることを決めた」（Gruwell, 1999, p.3）のであった。

生徒たちはすぐに、スティーブン・スピルバーグ（Spielberg, 1993）[7] 監督の
アメリカ映画『シンドラーのリスト（*Schindler's List*）』を観て議論したり、高
齢のホロコースト生存者をゲストスピーカーとしてクラスに招いたり、アンネ・
フランクの『アンネの日記（*The Diary of Young Girl*）』（Frank, 1947/1995; Lee,
2006 参照）や、ズラータ・フィリポビッチの『ズラータの日記 ―― サラエボか
らのメッセージ（*Zlata's Diary: A Child's Life in Sarajevo*）』（1994）[8]、エリ・
ウィーゼルの『夜（*Night*）』（1960/2006）など、他の戦時中の若者たちが自分た
ちについて書いた本を読んだりして、意味生成の活動に取り組んだ。

　その後、生徒たちは教師の主導のもとで、こうした他の若者たちの例にならっ
て、自分の日々の生活について日記を書き始めた。日記は教室で議論され、人種
差別、容姿と差別、家庭内暴力、女性憎悪、失読症と注意欠陥障がい、同性愛、
性的虐待、ハラスメント、妊娠中絶、銃撃による友人と家族の喪失について、一
連の議論を引き起こした。後に、生徒たちは校外学習でミュージアム・オブ・ト
レランス（カリフォルニア州ロサンゼルスのマルチメディア博物館）を訪れた。こ
の博物館は、ホロコーストの歴史に強く焦点を当てながら、アメリカと世界にお
ける人種差別と偏見について検討するようデザインされている。

　生徒たちは次第に、彼らの声を公表する必要を感じるようになった。1994年
から1998年にかけて、**フリーダムライターズ**は『プライムタイム・ライブ』や、
『ザ・ビュー』、『グッドモーニング・アメリカ』への出演など、多くのマスコ
ミで報道された。1997年に、生徒たちの日記はテーマ別、年代順に整理されて、
アメリカ合衆国教育省長官リチャード・ライリーに未刊行の原稿として届けられ
た。

　程なくして生徒たちは、先に述べたズラータ・フィリポビッチや、アンネ・フ
ランクを匿ったミープ・ヒースと対面することになった。エリン・グルーウェル
と生徒たちは、ズラータ・フィリポビッチを説得して、カリフォルニア州ロング
ビーチまで飛んでもらい、そしてウッドロウ・ウィルソン高校を訪問してもらっ
た。集合体としてのフリーダムライターズは、このようにして、教室外の人びと
―― このプロジェクトに反対する見解をさまざまな段階で表明した学校長であ
ろうと、映画製作者やジャーナリストであろうと、あるいはズラータ・フィリポ
ビッチや他の戦争の生存者たちであろうと ―― とコミュニケーションし、その
事実は生徒たちのグループ・アイデンティティを強固なものとした。さまざまな
場所を訪れ、読み、書き、そして教室で互いに議論することは、すべて協働的な
活動であり、生徒たちはそれらに、個人および主体として、そして集合的な主

体性として、自分たちを変容させながら取り組んだ（Lee & Smagorinsky, 2000; Stetsenko, 2010）。1998年、フリーダムライターズは差別、人種差別、偏見に関連する暴力との戦いへの貢献によって、スピリット・オブ・アンネ・フランク賞を受賞した。同じ年、150名のフリーダムライターズが、「高校の卒業証書を受け取るため、卒業式の舞台を歩いたが、これはほとんどの人たちが可能だとは考えていなかった偉業であった」（Gruwell, 2007a, p.244）。

　翌年、日記が教師のエリン・グルーウェルによって『フリーダムライターズ（*The Freedom Writers Diary*）』というタイトルで出版された（Gruwell, 1999）。「この本は、痛切な生徒の記述とエリンのナラティヴを通して、彼らの『不寛容と誤解に対抗する、目を見張るような、精神を高揚させる旅』を記録している。」[9] エリン・グルーウェルによるさらなる出版物がこれに続き、最も重要なものとして、『心で教える（*Teach With Your Heart*）』と『フリーダムライターズの日記——教師の手引き（*The Freedom Writers Diary: Teacher's Guide*）』がある（Gruwell, 2007a, 2007b）。その後、多くのフリーダムライターズは大学の学位を取得して卒業し、なかには修士号や博士号を取得した者もいる。1994年に人種差別的な絵を描いた生徒は、ポリー高校の教師になったが、そこはフリーダムライターズ・プロジェクトに参加する前に、学校に銃を持ってきたという理由で彼を退学にしたまさにその高校であった。これだけでなく、フリーダムライターズは、教員研修ワークショップと奨学金を提供する非営利の組織である、フリーダムライターズ基金の日々の運営に貢献し続けている[10]。

メタファー的思考と協働的変容

　上に簡単に概要を述べたプロセスにおいて、グルーウェルのクラスの生徒たちは、演劇や小説を読み、それらについて議論し、ロサンゼルスのホロコースト博物館を訪れ、そしてとりわけ日記を書くことによって、メタファー的な方法（Bertau, 1996）でメタ視点から自分自身を眺めた。最初、彼らは、今はまだ宣言されていない、あるいは知覚できない、**戦争の中**にいる存在として自分たちを受け止めた。しばらくして、彼らは自身自身をフリーダムライターズとして受け止めたが、これはカリフォルニアの公民権運動の中で人種差別に対して闘った1960年代の**フリーダムライダーズ**と彼らを結びつけるメタファーでもある。本を読むこと、映画を見ること、あるいは芸術作品を感じとることは、このような批判的省察性を支える実践であった[11]。このメタファー的思考の働きは、ある

フリーダムライターの男の子が書いた日記の抜粋の一つにおいて、明らかになる。

【抜粋2】
日記さんへ

グルーウェル先生は、いつも何にでも意味を与えようとする。今日も『ロミオとジュリエット』を読むことになって...いきなり「キャピュレットはラテン系のギャングみたいで、モンタギューはアジア系のギャングみたいだ」と言い出した。え？　マキューシオという男が殺されるところを読めばすぐに、「この家族間の争いは愚かだと思う？」と質問してくる。私は、アホみたいにつられて、「もちろん！」と言った。だって、彼らは挑発しあって、剣を振り回しているのだから。それで、彼女はそのままにしないんだ。気がつくと、彼女はこの二つの家族をこの町の対立するギャングになぞらえている。最初、私は「この女は、ギャングの何を知っているっていうんだ？」と思っていた。だけど、本当に驚いたのは、彼女が実際にその名前を挙げたときだった。彼女が、ロングビーチで起きているもめ事をみんな知ってるなんて、思っていなかった。学校から帰ったら、完璧な生活を送ってるんだとばかり思っていた。だって、ギャングが彼女に何の関係がある？　不意に、彼女は思いもよらなかったことを質問してきた。ラテン系のギャングとアジア系のギャングが互いに殺しあっていることを、私たちは愚かだと思っていただろうか？　私は、即座に「ノー！」と言った。「なぜ？」「なんでって、それは違うものだから。」「どう違うの？」この女は、まったく諦めなかった！「それは、**それなんだ！**」私は、みんなの目の前で恥をかきたくなかった。でも、考えれば考えるほど、それは愚かなことだと実感した。それは愚かだ。私たちは、なぜ私たちが敵同士なのかさえ憶えていないのだから...（Gruwell, 1999, p.34. 著作権は注 [2] に同じ）

　ここでこの生徒は、シェイクスピアの『ロミオとジュリエット（*Romeo and Juliet*)』を読むことによって、エリン・グルーウェルに導かれる中で、人種的なカテゴリーに従って自分やクラスメートを「仲間」と「敵」にグループ分けすることが、シェイクスピアの有名な劇曲のキャピュレット家とモンタギュー家のグループ分けと同じくらい相対的なものであることに、どのように気づいたかを描写している。このようにして彼は、日々の経験に異なる意味を与えることができるメタ視点を発達させる。別の生徒によれば、

私たちは、毎日の生活で直面する困難について匿名の日記を書き始めた。私たちはギャング、移民、ドラッグ、虐待、死、拒食症、失読症、10代の恋、体重の問題、離婚、自殺、そしてこれまで決して表現する機会がなかった他のあらゆる問題について書いた。私たちは、書くことが自己表現の力強い形式であり、それが自分の過去と向き合い、前進する助けになりうることを発見した。203番教室は、アンネの屋根裏部屋やズラータの地下室のようであり、そこは私たちが泣いたり、笑ったり、自分たちの物語を評価されることなく共有したりすることができる安全な避難所だった[12]。

　この実践で重要だったのは、生徒の日記が匿名で、制度的管理を体現する教師ではなく、同じような経験を共有しているかもしれない、あるいは同じような問題に直面しているかもしれない、潜在的読者（他の生徒たちと、教師）に向けて書かれていたことである。生徒たちが日記を匿名で出すことができる教室の後ろの箱は、媒介装置としての日記の歴史において、重要な新しい要素であった[13]。このプロセスは、生徒たちが自己表現することだけではなく、自分たちのアイデンティティを超えること、そして自分たちの日々の経験が異なる人種グループや、異なる社会階層の生徒たちの経験といかに似通っているかを理解することもまた後押しした。若者個人、または若者のグループは、彼らの民族的アイデンティティの観点からだけでなく、社会的排除、経済と家族に関連した問題、年齢、低い教育レベルという共通した経験の観点からも理解されるようになった。生徒たちは、この後者の共通した社会全体の経験が、どんな固有の民族的アイデンティティにもまして、彼らを脆弱にするものであったことに気づいた。このようにして、一連の日々の問題は私的なものではなく公のものであり、また市民権に関わるものであることが明らかになった（Casarino & Negri, 2008 参照）。このことは、彼らの思考の発達に対してだけでなく、コミュニティ全体に幅広いインパクトを与える活動の発達にも影響を及ぼした。

生み出されつつあるドラマと社会的関わり

　フリーダムライターズ・プロジェクトに固有の特徴は、トラウマ的な経験について書くことである。この種の書くこと一般の治療効果、とりわけフリーダムライターズにおけるそれを、マリアン・マッカーディ（MacCurdy, 2007）が詳しく

研究している。感情は、文化的－歴史的心理学や批判理論において、最近特に注意を集めている。感情は、権力、闘争、矛盾との関係という点から、また社会－政治的な変化の中でのそれらの役割という点から研究がなされている[14]。

【抜粋3】
日記さんへ

「彼のペニスが口の中でぐるぐる回っていたとき、彼が約束したポップコーンのことが頭をよぎった...」このことばを読んだとき、この物語の書き手は誰なのだろうと思い始めた。「くそっ、私も同じ経験をしたことがある」と考え始めた。[...]私はこのことばをじっと見つめ、家族から受けた恐ろしい暴力行為について思い返し始めた。私は、他の誰かもまた性的虐待を受けたのだ、語るべき物語を持っていたのだという安堵感を覚えた。(Gruwell, 1999, p.151. 著作権は注[2]に同じ)

　上の匿名の生徒は、前の章で検討した生徒たちのように、学業成績や職業志向に関する問題についてだけ書くのではなく、家族による極度の性的暴行というトラウマ的な経験について描写している。上記の日記エントリーを読むと明らかなように、ここでは感情が特別の重要性を持っている。書くこと自体が感情的なだけでなく、他の人のエントリーを編集することや、教室で議論することもまた感情的なのである。このような実践を通して、同じような経験をした、あるいは、したかもしれない想像上の他者と、抑圧の経験を共有することが、単なるトラウマを抱えた一人の人間の救済をはるかに越えた意味を持つ、社会－政治的な変容のプロセスをもたらす。

【抜粋3の続き】
私はこの物語を編集することになっていたのだけれど、何度も繰り返し読んだ後、このことばはそのままでなければならないと思った。そのままに。このことばには力がある。[...]その後、物語に込められた個人的なことの大きさをみんなに知ってもらうために、G先生はこの物語を声に出して読むことにした。彼女は、これは生活の中で私たちが経験した痛ましい出来事について、率直に話すチャンスだと言った。そこにとどまって残りを聞くには、あまりに感情で胸がいっぱいになって、教室を出た女の子たちがいた。教室にとどまって、泣

く女の子たちもいた。私は違った。私は冷静で、落ち着いたままだった。筋肉一つ動かなかった。呼吸も、まばたきさえほとんどしなかった。私はただじっと座って、「いったいなぜ、私たちはこの忌々しい編集をしなければならないのか？」と自問した。でも、このことばをじっと見つめれば見つめるほど、私は誰かの逆境を通して自分が救われていることにますます気づき始めた。私の経験を知って、誰かが同じように感じるかもしれない。私は、一人じゃないと知ってもらうために，彼女に手を差し伸べたかった。彼女の気持ちがわかると伝えたかったし、共感を示したかったし、本当の友だちになりたかった。彼女が誰かはわからなかった。けど今は、私は自分が一人じゃないこと、そして、そのことが変化をもたらしたことを知っている。(Gruwell, 1999, p.151. 先の抜粋からの続き。著作権は注 [2] に同じ)

　最近のクラウディア・ミッチェル、テレサ・ストロング–ウィルソン、キャサリーン・ピットハウス、そしてスーザン・オルナット（Mitchell, Strong-Wilson, Pithouse, & Allnutt, 2011）編の本が、メモリーワークの社会的、教育的な意義について研究している。メモリーワークは、意識的な想起のことであり、また個人的な記憶と共有の記憶についての研究である。それは、生徒たちが自分の未来を自分に属しており、何らかの方法で良い方向へ動かすことができるものとして理解できるようにするプロセスである。この編集本は、フェミニスト研究者フリガ・ハウグ（Haug, 1987, 1992）の研究を、フェミニスト研究の外にまで拡張している。ハウグはメモリーワークを提起し、それをフェミニスト研究の方法論として用いた。これは、女性志向の特定の文化をつくり出す、支配的価値の中における社会化について研究するために用いられる。この社会化は、この世界を理解し、知るための支配的な方法を解放し、断ち切り、可能な社会変化を導きうるのである。

　ナイアム・スチーブンソンとディミトリス・パパドプロス（Stephenson & Papadopoulos, 2006）は、ハウグのメモリーワークのアプローチを、抑圧の経験を共有する、まったく異なる人びと（そして、女性だけでない人々）に言及できるように発展させた。抑圧の経験は、固有のものかもしれないが、同時に他者の経験と似た要素を必然的に伴いうるのである —— それが、今日の新自由主義的レジームの幅広い特徴であることを考えれば。スチーブンソンたちは、この種の作業を通して、前もって与えられたものではない集合性が現れるプロセス的な方法を定義するために、**生み出されつつある社会的関わり**という用語を導入した。

スチーブンソンとパパドプロスは、必ずしも一方が他方のようにならなくとも、人びとは共に行動することができるのだと強調した（Foucault, 2005; Stephenson & Papadopoulos, 2006）。フリーダムライターズ・プロジェクトから別の事例を挙げると、ある生徒はギャングの銃撃による子どもの喪失について省察しているときに、次のように書いた。「私の母はメキシコ人で黒人だけれど、彼女たちに涙を流させた感情は、同じように苦しめられた心から生じた」（Gruwell, 1999, p.65）。

　感情はここで、重要な役割を果たしている。なぜなら、感情は**異なる**人びとを**共に**行動させ、そしてそれゆえにその人たち自身も、彼らが埋め込まれている社会的関係と社会全体の関係も変容させるからである。感情は、「コナトゥス（conatus）」、すなわち、一人ではなく他の人たちと行動することで現実に取り組むための力を確立する（Liberali & Fuga, 2007 参照）[15]。とは言え、共に行動することが、必ずしもあらゆる集団の同質性を前提としたり、示唆したりするわけではないと強調することが重要である。協働的変容は、**量的な側面**（生徒たちが移動する空間の拡大や、勉強する時間の異なる組織化）よりも、生徒たちが話し、考え、感じ、省察し、集合的な過去を思い出し、集合的な未来を思い描く方法の**質的な**変化に関わっている（Fichtner, 2007 参照）。フェルナンダ・リベラリ（Liberali, 2010）は、後に他の新しい仲間と共有される新しい語義を生み出し、そして新しい協働的活動を導く協働的活動を指す用語として、**活動の創造的連鎖**を提案している。このような新しい協働的活動の結果として、さらに新しい語義が生み出されるのだが、それは最初の活動においてつくり出された側面の一部を受け継いでいる。「同様にして、第三の活動に巻き込まれるとき、第二の活動からの仲間の一部は同じ道をたどり」、こうして世界における新しい存在の方法、世界において行動する方法、そしてそれをさらに変容させる方法へとつながる（Liberali, 2008, p.10）。これは、ヴィゴツキー（1925/1971, 1929/2005）の観点から言えば、まさに予測できない結末を伴う**ドラマ**であり、新しい語義と意味を生じさせるプロセスであり、そして潜勢的な関係性の顕在化なのである——フリーダムライターズ・プロジェクトがそうであったように。

まとめ
——集合的な過去と集合的な未来を顕現させる

　この本の前の諸章で検討したドイツの学校の生徒たちは、文章で彼らの日々の生活を描写することに取り組んだ。彼らの物語は多くの場合、自分自身に宛て

た個人的な日記の形式で書かれた──たとえば、第2章で見た、美容院でのインターンシップに関するギュルデンのレポートを考えよう。この日記は個人的なものではなく、教師やクラスメートに宛てたものであり、また生徒の評価にさえも関わっていた。このようにして、彼らは個別性をつくり出し、それを露わにした。特定の未来の目標に従って成績を改善しながら、自分の過去を申し訳なく思う、省察的な自己が顕現した。

　対照的に、フリーダムライターズ・プロジェクトの枠組みにおいて生徒たちは、ドイツの学校の生徒たちが行ったやり方で自分の成績や、個人的な過去と未来を省察したのではなく、他の生徒たちとの関係を──量の観点からではなく、より広範な社会−経済的で倫理的−政治的な側面を包含する質的な分析の観点から──省察したのである。このようにして、彼らの未来だけでなく過去にとっても固有の重要性を持つ、それらの関係性の特定のバージョンの歴史が**顕現した**。生徒たちは、与えられた未来へと直線的につながる過去の観点から自分自身について考えたのではなく、その反対であった。生徒たちは、自分たちの個人的ドラマを人種戦争やその他のタイプの抑圧の幅広い歴史の一部としてとらえ、質的に異なる社会全体の関係からなる「潜勢的」未来を目の当たりにし、そのために戦ったのである。

　匿名の日記を書いて共有し、本や映画のような一連の媒介装置を用い、協働的変容の活動に取り組むことで、自分の個人的なドラマチックな経験を集合的な観点から考え、それらをより広範な人間の抑圧の歴史の中に位置づけ、結果として権力関係について語る発展性が、生徒たちに開かれた。このようにして、生徒たちは関係的で、メタ省察的な視点から自分自身を見た。ヴォルフ・ミヒャエル・ロートとケネス・トービンのことばを借りれば、重要な矛盾が予測できないダイナミックなプロセスを通して解決されるのであり、その中において、行為のための新しい発展性を発達させる省察のプロセスが可能にした集合体によって、社会全体の調停が認識され、理論化されるのだと言える（Roth & Tobin, 2002, p.115；Dreier, 1991 も参照）。具体的な生徒たちの個人的ドラマとの関連で見られるように、ホロコースト、人種差別の歴史、人種差別に対する抵抗の歴史が、新たに顕現した──そして、それは与えられた言説的で時間的な秩序を免れた、感情的で協働的な意味生成プロセスのための発展性を開いたのである。

　フーコーは『言葉と物──人文科学の考古学（*The Order of Things: An archaeology of the human sciences*)』の有名な冒頭で、ベラスケスの絵画『ラス・メニーナス（*Las Meninas*)』を分析している。この作品は、フェリペ4世とその

妻マリアナを描く画家自身の姿を描いているが、モデルとなっている人物たちは絵の中に直接見えない —— 見る者は鏡に映った姿しか見ることができないのである（Foucault, 1966/2002）。この絵画においてベラスケスは、マルガリータ王女、そして女官や絵を描いている彼を見ようとやってきた他の人びとのグループによって見つめられている。フーコーは、私たちがこの絵画の中に見出すのは、類似した人物の表象ではなく、表象の表象だと主張する。「表象はここで，そのあらゆる要素において，つまりそのイメージ，それが身をさらしている視線，それが目に見えるものとしている顔，それを生み出している動作とともに，自己を表象しようと企てている」(Foucault, 1966/2002, p.17)^[訳注1]。フーコーによれば、表象はここで、自身を最も純粋なかたちで提示している。

　ベラスケスのこの絵画の独特な点は、それが省察一般を可能にするだけでなく、特定の社会的な文脈の中での芸術作品の条件についての省察もまた可能にし、それによって舞台上のあらゆるアクターの間の権力関係を可視化している点にある。この絵画はさらに、省察の条件とその質についての省察も可能にする。これは、「自己の技術」あるいは「自己のテクノロジー」に関するフーコーの研究で分析されているように、キリスト教の告解にさかのぼることができる現在の学校−心理学的な実践を支配した、自分自身についての内省とは異なるタイプの省察である（Foucault, 2005; Foucault et al., 1988）。

　フーコーによれば、ベラスケスの絵画によって可能になったメタ省察のタイプは、16世紀末から17世紀初頭の西洋思想の周縁における動きを示唆しているのだが、そのとき「類似と知の関係がまさに放棄され，類似が少なくとも部分的には認識の地平から消えていこうとしていた」(Foucault, 1966/2002, p.19)^[訳注2]。これ以降、記号はもはやどこか「そこ」に客観的に存在する真実に類似しているとは考えられなくなり、問題となっている記号関係の真実を説明するものとしてのみ認識されるようになった。この文脈においては、もはや「自己」も「外的現実」もそのような類似としては見られず、観察者との関係において、そして表象実践の形式と手段との関係において見られるのである。同じことが、ナラティヴ、映画、作品を含む多くの媒介装置ないし、コミュニケーション手段に対しても言える^[16]。

　この観点においては、またドイツの実験学校やフリーダムライターズ・プロジェクトからのさまざまな資料を考慮に入れるならば、省察の二つのモードを区別することが重要である。(a) 自分自身についての内省、つまり学校ないしは仕事に関連した自分の成績についての内省、(b) 目の当たりにすることとしての

省察、つまり、フリーダムライターズの事例において生じていたような、自分が位置づけられた社会全体の関係についての省察。この区別は、非常に重要である。なぜなら、第二の種類の省察——ベラスケスの絵画『ラス・メニーナス』についてのフーコーの分析を思い起こさせる、**純粋省察**ないし**メタ省察**と呼びうるもの——は、協働的で、感情的で、予測できない、つまりヴィゴツキーの意味で**ドラマチック**な（Vygotsky, 1929/2005）、歴史と未来の批判的な顕現を意味するがゆえに、その人が位置づけられた社会全体の関係の変容と直接に結びついているからである。アンナ・ステツェンコが定義する「変容的活動者のスタンス」を引き受けることで、フリーダムライターズ・プロジェクトの生徒たちは、実践の中で以下のことに気づいた。

> ［彼らは、］そのために物事が重要な**エージェント**であるだけでなく、歴史、文化、社会の中において**それ自体重要なエージェント**なのである。さらに、こうしたプロセスにおいて重要であり、そこに貢献していくことを通して、またその限りにおいて、ユニークな個人としての存在になるエージェントでもある。(Stetsenko, 2012, p.151)

　ここでは、時間の側面が非常に重要である。過去は、イデアのレベルに存在している何かではないし、また保存され、再結合され、そしてまさに現在へと深く持ち込まれた経験や性質の集まり（アセンブレッジ）でもない（Brown & Stenner, 2009 参照）。異なる複数の過去と複数の未来（潜勢的なもの）が、相互の関係の中において顕在化されうる。つまり、「昨日はまだ生まれていない」——オシップ・マンデリシュタームが書いたように（Mandelstam, 1991, p.113）[17]。同じ方向で、デイビット・ミドルトンと同僚たちは、同じ行為の過程の中で、過去と未来がどのように**パフォームされる**かを強調した。

> それと同時に、想起は特別のバージョンの過去を思い起こすことの未来における重要性への関心もまた含んでいる（. . .）想起は、同じ行為の過程の中で、ありうる複数の過去とありうる複数の未来を同時に分配することに関わる。このようにして、過去はどのように未来が展開しうるかについてのさまざまな決定を伴う出来事へと変容するのである。(Middleton, Brown, & Lightfoot, 2001, p.126)。

フリーダムライターズ・プロジェクトでは、一方における個人的な歴史および未来の発達と、他方における社会全体の歴史および未来の発達が、互いに融合し、質的に新しい関係性を —— 心理的機能の個人のレベル（思考、想像力、省察）と、関係性の個人間のレベル（たとえば、クラスメートの間ないし、生徒と教師の間）の両方、そしてコミュニティに関係した社会全体のより広い次元（社会的流動性、富の分配など）に関して —— もたらした。こうして、過去と未来の関係は、個人的発達としてではなく、**質的に新しい社会全体の関係の発達**として、ラディカルに再定義された。この結果として、第1章と第2章で述べた新自由主義的な自己のテクノロジーからの脱出がパフォームされ、メタ省察的な協働的変容が生じたのである。

第4章　集合的な過去と未来をなす
―― ブラジル、エスピリトサント州の土地なし農民運動に
　　おける「大地の教育学」

　第3章で検討したフリーダムライターズ・プロジェクトは、周縁化された生徒たちが置かれている危機を、彼ら自身および彼らを取り巻くより広範な社会全体的－経済的・倫理的－政治的関係の双方を同時に変革する手段を創造することによってどのように解決しうるかを示す、格好の実践例と見なすことができる。しかし、周縁化された生徒たちの**ドラマ**に反映されている広範な社会全体的－経済的・倫理的－政治的矛盾に対処することは、一つの学校のプロジェクトで対応できるものではない。周縁化から脱し、新自由主義的な社会的－経済的・倫理的－政治的矛盾を克服するには、大規模かつ長期的な集合的行動、すなわちその言葉の最も広い意味での**社会運動**が必要である。

　これがまさに、長期的に実行可能ではなかった、フリーダムライターズ・プロジェクトの限界であった。もちろん、このプロジェクトは有名になり、さらなる教育的実践を触発し、E・グルーウェルによって設立された非営利団体がこの最良の実践を全米に広めている。しかし、フリーダムライターズ・プロジェクトを通じて、カリキュラム、種々の教育的実践、アメリカの学校制度全体が変化しなかった ―― フリーダムライターズ・プロジェクトが行われた地元の学校でさえ、変化しなかった ―― という事実そのものが、このようなプロジェクトのミクロ・ポリティクスの限界を表している。以下では、物語を都市部の学校から地方の学校に移し、単一のプロジェクトを調査することから教育的、社会的－政治的運動全体を探究することへと進む。このようにして、「潜勢的」発達とはどのようなものかという複雑な理解が、「可能的」発達という支配的で個人化された概念と対置される。集合的に過去と未来をなすことが、最も周縁化された人びとにとってさえ、発達のためのまったく異なる条件を創造しうることを論じる。

大地の教育学
　―― 「私たちのアイデンティティのプロジェクト...」

【抜粋1】
　1. T1：えーと、前にみんなに伝えましたよね：野営地って何か、知っている

人はここにいますか？

2. 生徒たち：はい。—はい。—はい...

3. T1：（（防水））テントはもう見ましたか？　＃マルシア＃、あなたは知っている？

4. 野営地。^知らな＝い。

5. St1：　　　　　　　　　［（（知らない））私...］

6. T1：　　　　　　　　　［オ＝ケイ］野営地。<CR 行ったことある人いますか？

7. あそこ、〈闘争のために〉土地のために闘っている人を訪ねるために。

8. 土地のために闘っていて（...）まだ防水テントで暮らしている。

9. ^なるほど CR>: 何人かいますね、野営地を見たことある（人）...

（ビデオテープ「エスピリトサント州の土地なし農民の学校」から。ポルトガル語から著者、アキレス・デラリ・Jr、マウリシオ・カヌートが文字起こしして、翻訳）

　上記の場面は、ブラジルのエスピリトサント州の土地なし農村の定住地でのエスノグラフィーの際に私が観察した、学級活動の様子である[1]。私がアクセスできたのは、上記の活動を主導する中心的な教師（T1）ラクエル先生のおかげであった。私は、当該地域で研究をしていた他大学の教授からラクエル先生を紹介され、今では大変受け入れられている[2]。ここで話されている言語はポルトガル語である。私はあまりうまくないが、ほとんどの人に言いたいことを理解してもらうことができ、言われたこともほぼ理解できる。

　私たちは小さな学校にいる。土地なし農民の定住地の小学校では、5歳から13歳までの子どもたちが集まる学級が一つ、あるいは二つあるのが通常で、ここで述べる学校も同様である[3]。上記の活動には、二つの学級（年長と年少）の子どもたち全員が集まった。ラクエル先生（T1）は、子どもたちの好奇心を喚起し、その後の授業に巻き込むために、修辞的な質問から入る。彼女は、最初の野営地と土地なし農民運動の包括的な歴史について後に語るために、子どもたちが生活している定住地からそう遠くない場所にある現在の野営地を引き合いに出す。

【抜粋1の続き】

10. T1: ^オーケイ。これから写真を何枚か見せます

11. 野営地のです。^いい？　＼私たちの家族がむか＝し暮らした野営地です。

この特別な活動で、ラクエル先生は、中央で作成された出版物や資料を一切使用しない。代わりに、彼女は、自分自身の家族の写真を持参し、子どもたちにすでに関係のあるところ、すなわち**自分たちが生活している定住地の話**や、**自分たちの家族の話**が写真や教師のナレーションを通じて顕現されるように話すことで、土地なし運動全体に言及している。ほとんどの写真には、私たちがそのときにいた場所に住むことになるまでに経験した、さまざまな局面でのラクエル先生の家族や野営地（現定住地）の人びとが写っていた。しかし、多くの写真は人物ではなく、野営地で生活するためのテント、後に自分たちが住む家や学校などになった初めて建設した壁など、有形物を写していた。ほかに、土地なし運動の中核的なデモに参加した親族や友人の写真もあった――彼らは、上記で触れたように、警察による大規模な弾圧を受けていた。

【抜粋1の続き】

20. T2：あなたたちと一緒に始めるプロジェクトは
21. 私たちのアイデンティティのプロジェクトです。いいですか。ここにあるような
22. 野営地を見たら、もっとも、あなたたちは一回も
23. 住んだことがなくても（...）、あなたたちのお父さんお母さんは ^住んでました; あなたの ^おじいちゃんおばあちゃんは住んでました
24. なのでこれは、私たちのアイデンティティを作ったものです。たとえ、あなたたちや、あなたたちのお父さん、お母さんが一回も
25. 野営地で暮らしたことがなくても、今日ここ、
26. 土地なし運動の一部である定住地にいるのだから、
27. 自動的に ＜あなたたちは＞ あなたたちのアイデンティティは、もうすでに
28. 土地なし運動のアイデンティティになっています。

　　（ビデオテープ「エスピリトサント州の土地なし農民の学校」から。ポルトガル語から著者、アキレス・デラリ・Jr、マウリシオ・カヌートが文字起こしして、翻訳）

　同僚の先生の話を受けて、もう一人の学校の先生クラリス先生は、子どもたちに、この特別な活動がなぜ重要なのかを説明する。「これは私たちのアイデンティティのプロジェクトです」と彼女は言う。ここでは、記憶をなすことは、アイデンティティをなすことと一緒である [4] ――それは、自分自身に対してではなく、

子どもたちが属するコミュニティ全体に対する所属感や応答責任の感覚を意味する。たとえ子どもたちが、両親やより広範なコミュニティの人びとの苦闘を直接経験していなかったとしても、この過去はまた彼らのものであり、彼らのアイデンティティを形づくっている。ほとんど自動的に、彼らは土地なし農民の子ども、すなわち土地なし子ども —— あるいは、**セム・テリーニャ**（Sem Terrinha：文字どおり**小さい土地なし**を意味する、土地なし農民運動の中での子どもたちの公式的な呼び方）—— である。先生は、集合的な記憶を顕現し、それを子どもたちは、個人的経験という意味ではなく、集合的な記憶という意味で共有する。受難、連帯、成功という先生の言説は、集合的な応答責任と集合的なアイデンティティの言説である。第1章、第2章、第3章で見たように、個人的な成功（と失敗）をますます指向する今日の西洋の学校では、このような言説はめったに見られない。

　この特有な教育学は、**ペダゴジア・ダ・テッラ**（Pedagogia da Terra）—— **大地の教育学** —— と呼ばれている（Foerste & Schütz-Foerste, 2011 参照）。ここでの教育は、土地なし農民が植林のために環境保全技術を利用したり、公正な取引き戦略を用いたり、定住地に自分たちの医者を持ったりするために不可欠であると見なされている。それだけでなく、その理念は、子どもたちが自分たちの住み暮らす世界を変えることに集合的に参加できるようなかたちで彼らを教育することにある（Stetsenko, 2008 参照）。このようにして、社会を変革し、土地なし運動のさらなる発展と、より広範な政治的－経済的変革のために闘う集合的な主体を生み出すことをねらいとした新しい型式の学校が立ち現れた。しかし、このような未来は、この地域の搾取と苦闘の歴史を思い起こすことを通じてのみ想像可能である。土地なし農民が言うように、**エドュカッソ**（educação：一般的教育）ではなく、**フォルマッソ**（formação：政治的教育）が、自分たちの過去の搾取についての自覚を発達させ、別の経済 —— 搾取ではなく、連帯の経済 —— を発達させることになる。

　土地なし農民の定住地を訪れると、上記と同じ文脈で、室内装飾、Tシャツのプリント、大量虐殺の写真、詩、土地なし農民の音楽CDなどに、その歴史の大量の証拠を目にする。土地なし運動は、意義深い象徴的・言説的な制作物を有しており、その制作物は想像力を伴うもので、重要な審美的性質の現れである。芸術に高い価値が置かれ、音楽、詩、演劇にそれが表れている[5]。ローゼリ・カルダート（Caldart, 2002）によれば[6]、この運動は、芸術を、メンバーをまとめ、**大地の教育学**を構成し、土地なし農民のアイデンティティの一部を作り上げる神秘的要素と考えている。個人的な写真、ナレーション、芸術作品は、コミュ

ニティの教師、大人の成員たちといわゆる「土地なし子ども」とのコミュニケーションを**仲介**し、彼らが可能性（与えられた目的に向けての個人的発達および連続性としての歴史）の観点からではなく、潜勢性（別様の未来のための集合的な闘争）の観点から現実を捉えることを可能にしている。学校の内外を問わず、子どもたちは、環境保全的で、自然と人間にやさしい社会における連帯の経済を築くことに積極的に参加している。学習は、理想主義にもとづいてこのように組織されているのではない。学習と教授の実験をするようなぜいたくはないけれども、運動 —— 特にここでは子どもたちを含んでいる —— が応答すべき明確な必要性がある。

集合的な未来をなす

【抜粋2】

私はジョアンと一緒に、「彼の」畑を歩いている。ここでの「彼の」は、土地の所有権を意味していない —— 暗殺された地主が以前所有していたこの土地は、今は国の所有である。「彼の」あるいは「彼の家族の」とは、ジョアンが老いるか死ぬまでの長期にわたって耕作する責任を意味している。通常、定住地に属する場所は、上記の意味での「家族所有地」に分割され、その後、自分たちで消費する作物のための小規模な耕作地と、販売用作物のための大規模な農園に分けられる。時には共同区域もあり、そこでは、皆が働き、責任を分担し、販売した作物から全員が利益を得る。ジョアンは、誇らしげに、コーヒー、コショウなどの「彼の」農園を見せてくれた。ヨーロッパから来た人物と会うのは彼にとって初めてのことで、私の深い関心と連帯から、ジョアンは会った瞬間から、あらゆる問題や疑問について私と議論することに興味を持っていた。

　彼は生物多様性や、自然やその土地で働く人びと双方にとっての、アグリビジネスとは対照的な小規模農業の恩恵について語り、人びとは今では食事にありつけるようになったと言う。彼は、コーヒーの苗を買ったのは最初だけで、その後、どうやって古い苗から新しいコーヒー苗を生産し、農業会社から自立することになったかを説明してくれた。同じ原理で、彼は、見栄えは良くないものの、病気に強い苗になるコショウの種も使っている —— ここにも、自己持続可能な生産を確保している事実がある。彼は、「自然の」肥料、たとえば、リン、カルシウム、カリウムをわずかに使っているだけだと言う...

　家に戻ると、外壁が赤く塗られていることに改めて気づく。この色いいです

ねと私が言うと、ジョアンは、妻のマリアが選んだのだと教えてくれた。赤い
色は、社会主義の後に到達する国家政治経済である共産主義を象徴していると
彼は説明してくれた。私はマルクス主義の理論のこの部分に懐疑的であるが、
ジョアンが誰にとっても自明のことであるかのように、このような急進的なカ
ウンターイデオロギーを表明することに感銘を受けた。

　　（著者のフィールドノーツ）

　ジョアンの環境保全の意識と、農業のさまざまな側面に関する知識、そして上
記のフィールドノーツに表れている彼の政治意識は、ブラジルの地方の —— 土
地なし農民のコミュニティ以外の —— 識字率を踏まえると、自明のことではな
い。ジョアンは、活動的な主体として構成されていると同時に、私が上で簡単に
触れた闘争と連帯の歴史の一部をも構成している。これまでの章では、発達の危
機的状況を経験した生徒の事例を検討した。一見するとそれらの生徒の**個人的ド
ラマ**として見えるものが、より広範な社会的－経済的・倫理的－政治的矛盾を反
映していることを確かめた。フェリックス、ギュルデン、アントン、メキシコ系
アメリカ人の匿名の書き手たちは、発達理論が定義するような（Erikson, 1956）、
自分たちの年齢に関わる発達的危機や、自分たちの将来について決定する必要性
に関わる発達的危機を経験しただけではない。彼らの危機は、周縁化、学校での
失敗、排除、そして、今日の新自由主義的体制で若者がしばしば遭遇するさら
なる問題とも関係していた。ジョアンは、このような生徒たちとほとんど同じ
年齢の頃、ブラジル、エスピリトサント州の**土地なし農民運動**（*Movimento dos
Trabalhadores Rurais Sem Terra* あるいは「*MST*」）の野営地に参加した。それ
は1990年頃、すなわち私と彼が初めて出会う20年前であった。
　彼は、上記の生徒たちのように非常に周縁化された、貧しい環境の出身である
だけでなく、ブラジル住民の最貧困層、すなわち、何も所有しておらず、学校教
育もほとんど受けておらず、毎日の生活の糧をほとんど得ることができない階層
に属していた。私たちが交わしたさまざまな議論の中で、彼は、18歳のときに、
ユーカリ農園で1日12時間以上働いても、わずかなパンと —— ときどき —— 缶
1杯のコンデンスミルクを買える額しか支払わない地主による搾取を経験したと
教えてくれた。彼は近くの街で数週間ホームレスをしていたこともあり、——
またしても —— わずかなパンのために路上でペットボトルや金属缶を集めて売
ることで生き残った。また彼は、黒褐色の肌の色や社会的な出自のせいで、多く
の排除や人種差別も経験していた。これらの経験は、怒りと絶望が入り混じった

感情で表出される危機を形成した。彼の周りのほとんどの人は、このように生きるのは彼だけでなく、自分たちの**宿命**であると信じていた。もちろん、彼らは──感情的にも、現実的な問題に関しても──互いに支えあうことが多かったものの、それだけでは、彼らの**宿命**を変えることはできなかった。ジョアンの両親、祖父母、近隣住民、同世代の仲間──彼らは皆、世界の出現以来ずっと続いていると思われるものを同じように経験していた。

ジョアンは、年上のいとこや親友の後を追って、いわゆる土地なし農民運動──彼はほとんど知らなかったが、彼のいとこが熱狂しているように思えた社会運動──が組織する仮設の野営地に移動したとき、自分の過去のとらえ方と、未来の想像の仕方がゆっくりと変わっていった。そこでは、彼は、いとこや知らない人びとと防水テントを共有したが、すぐにそこに所属していると感じた。ここでは、誰も、過去が現在と未来へ途切れなくつながっている──したがって、**宿命**としてすべては同じままだ──とは認識していない。人びとは、抑圧と搾取の集合的な過去を語り、搾取がなければ違ったであろう何かとして自分たちの現在の貧困を語っていた。彼らは、別様の未来のために闘うことができ、またそうすべきである──彼らが知っている他の人びとがしたように（dos Santos, 2002）。土地なし農民運動は、（1984年のパラナ州カスケベルでの土地なし農民の最初の会合以来）当時すでに設立されて16年が経過していたが、右翼政府によって追い払われ、警察や軍隊による強い弾圧に直面していた（Dimenstein, 1996; Ondetti, 2006）。

土地なし農民運動を構成した都市部や田舎の周縁化された人びとは、土地を占拠し、その土地を環境保全的で直接民主主義的なかたちで耕作することを考えていた。土地なし運動が当初から主に追い求めていたことは、ブラジルの農地改革であった──それは今日もまだ続いている（Heredia, 2008; Tavares, 2009; Wolford, 2004）。このような状況の中で、ジョアンは日々の議論に参加し、起こりうるあらゆる困難に集合的に向き合い、共同生活を楽しみ、毎日のときもあれば、週1回のときもあったが、総会に参加した。また、このような中で、彼はいわゆる**巡回学校**にも出席し、コミュニティの年長者から読み書き、数学、歴史、農学を教わった。さらに、一定期間、彼は、評価を受ける状態にもあった。もし、一定の規則に違反すれば、総会の議決によって野営地から追放されるかもしれなかった。このようなことが生じたのは、野営地が違法であるため、定住が許されるか、どこであれば可能なのかについて、警察との交渉や闘争が行われていたことに主な理由があった──このことは、集合的に決められた規則に対する、あ

る種の尊重を必要とした[7]。

　何度もの移転と激しい闘争を経て、ジョアンをはじめとする野営地の居住者たちは、1992年頃に、私がブラジルでフィールドワークをしたときに訪れた**定住地**に移住した。しかし、闘争はその後も続いた。2009年、土地なし運動25周年を記念する土地なし農民独自の新聞の特別号は、二つの主な事件のみを取り上げて、詳細な歴史的物語を紹介した[訳注1]。1996年4月17日、パラ州の州道を封鎖していたとき、土地なし農民19人が警察に銃殺され、69人が負傷した（エルドラド・ドス・カラジャスの大虐殺）。2005年にゴイアニアからブラジリアまで（200キロメートル以上）、13,000人の土地なし農民が行進した。この行進にはジョアンの親友も参加した。

　土地なし農民――都会人の中でも主に都市部でうまく生き残れなかった人々や、かつて非常に低賃金のアグリビジネス農民だった人びと――は、農業生産の対立する二つの形態、**アグリビジネス**と**アグロエコロジー**を区別している。**アグリビジネス**は、地元住民の搾取という長い歴史を持つもので、植民地時代までさかのぼることができる。このような状況下では、輸出志向生産のため、地元の人びとは、まともな食糧にありつけないことが多かった。対照的に、**アグロエコロジー**は非常に単純な発想にもとづいていた。現代の家族（大人数の「中世の家族」でも、その他の集団構成でもない）が生き残るのに必要な食糧（米、豆、チキン、果物）を作る――これが一次生産である。別の場所で、（個人的に、あるいは、共同的に）コーヒー、オールスパイス、その他の作物を販売目的で耕作する。この二次生産は、冷蔵庫、ポンプ、衣類、電気、建築資材など、土地なし農民にとって必要であるが、自分たちで生産していないものを購入できるようにすることを目的としている[8]。

　土地なし農民は、次のような必要性に直面していた。従来の、農学の科学的研究、知識、教育的実践は、大規模なアグリビジネスを支援、改良するために土地なし運動以前に発展したものだった。小規模なアグロエコロジーでは、土地なし農民――ここでは子どもと大人の両方を指す――が今もなお発展させる必要のある、まったく異なる知識、技術、技能が要求された。このいまだ開発されていない知識には、生態にやさしく、かつ、効果的なかたちで小規模農業を計画するために、地質学、農業物理学、農芸化学、生態学が関わっていた。しかしまた、地理学や人口統計学（「**何名が、どこにいるのか？**」）、経済学（「**果物をどのように販売し、送水ポンプをどうやって購入するか？**」）、政治的な歴史と経済（「**なぜ限られた大地主が土地を所有しており、そしてこの状況はどのように変えうるの**

か？」）も関わっていた。

　識字がすぐに土地なし農民運動の優先事項となった。何千人もの人びとが読み書きを学び、大規模な成人教育プログラムが実施された（Caldart, Paludo, & Doll, 2006; Freitas et al., 2008; Kane, 2000）——そこにジョアンも参加した。教育機会の確保と知識産出への参加は、土地の主張と同じくらい重要な政治的主張となった。土地なし運動以前、地方の学校は、都市部の学校カリキュラムに従うか、大規模なアグリビジネスの方法についての知識を提供するかであった。運動は、その急進的な政治政策をさらに発展させるためには新しい学校を設立する必要があることをすぐに理解した——新しいカリキュラムだけでなく、新しい学校も必要であり、それは、運動の外部ではなく運動の一部となり、新しい知識体系の創造につながる教育的諸活動を組織できる、幅広い社会的－政治的大志を抱く、これまでと異なる教育を受けた教師を抱えることであった。

　このような状況の中で、1996年頃、何百人もの読み書きできない土地なし農民と共に、ジョアンは、野営地や定住地で生活する人びとに教師、学校、訓練プログラムを要求する、エスピリトサント連邦大学の占拠に参加した（da Silva, 2008; de Andrade, 2008; Farias, 2008; Jornal dos Trabalhadores Rurais Sem Terra, 2009; Kane, 2000）。土地なし農民運動は、近隣の公立大学に対して、具体的な訓練プログラムを開発し、数名の土地なし農民を学生として受け入れるように要求した——そうすれば、遅くとも4〜5年後には、土地なし農民自身が彼らの地元のコミュニティの学校で教鞭をとり、そのような教育的実践が求める具体的なニーズに対応できるようになる。土地なし農民が土地なし学校の教師になれるこのような一連のプログラムと制度が、しばしば地元の大学と協力して設立された（Diniz-Pereira, 2005; Foerste, 2004, 2009）。そしてその後、土地なし運動は農学と農芸科学に関する自分たちの研究・教育部門を発展させた。

　ブラジルの歴史の中で初めて、地方の人びとが自分たちのためのまったく異なる教育を要求した。さまざまな地元のニーズ、慣習、言語、歴史に沿っているだけでなく、中央の大学への進学や、後の社会的移動を享受できるようにする学校である[9]。ここでの異なる教育学は、アントン・セムジョノビッチ・マカレンコ、パウロ・フレイレによる理論研究に感化されていた。すなわち、抽象的な何かを教える際、たとえ化学や物理学であっても、土地なしの人びとの日常生活やすでに知っていることから始めることが、土地なし運動の学校の中での一般的な教授法になった（de Freitas & Knopf, 2008, p.80; Freitas et al., 2008 参照）。ここでの学ぶこととは、大人の余暇活動でもなければ、試験に合格したり、仕事に就

いたりするための義務でもない。学ぶこと —— それによって学校の自己組織化ならびにそれにまつわる政治的闘争に参加すること —— は、土地なし農民が生き残り、自分たちの新しい生活の要求に立ち向かうために不可欠であった。このようにして、学ぶことは、まだ手に入れることができていない知識を創造する参加型の協働的活動として組織された。

ジョアンや他の土地なし農民との議論をまとめると、運動の現状においては、まだ以下の危機に対処しなければならないように私には思える。

(a) 生産、技術利用、持続可能性の危機：運動は依然として、技術（ポンプ、冷蔵庫など）を購入するために官僚的な国家基金に依存している。そのうえ、マクロな生態的事象がしばしばミクロ生産に深刻な影響を及ぼし、それにより運動の自己持続性が損なわれる。

(b) さらなる拡大の危機：土地なし運動が常に成長し、常に十分な土地があるように、土地なし子どもはさらなる土地を占拠すべきである（家族成員が増えても分割すべきではない）。しかし、土地の占拠はいまだ違法とされており、ブラジルでは農地改革が行われていない。また、運動は、運動に反対するメディアの強いプロパガンダにも直面している。

これらの危機は、より広範な新自由主義的傾向を反映しており、簡単には答えを見出せない新たな問いを投げかけている。政治意識が高く、倫理的で、高度な教育を受けた子どもと若者を生み出すことは、集合的に成っていくという今も続く開かれたプロジェクトの過程で、土地なし農民運動がこれらの危機に対処する主要な方法の一つである。

集合的な過去をなす
—— 連帯を教え、学ぶ

土地なし運動の歴史は、いまだ書かれていない、連帯についての開かれた物語である。

【抜粋3】
1. St4：仮設住宅に住んでいたとき、飢えを経験しましたか？
2. T1：お、野営地に住んでいたときに飢えを経験したかと、それを知りたい

んですね

3. <L ときには困ることもありました、食べるものがほとんどなくて、手に入れられなくて

4. （食べ物を）何も、でも、飢えを経験したことはありません、^ノーです、なぜかというと、^たくさんあったの、

5. 連帯が。ある家族が食べるものがなくても、私たちが、たとえば、一瓶

6. オイルを持っていて、それを ^スプーンで分けたんです、スプーン2、3杯分

7. それぞれの家庭で鍋に入れて。子どもたちは多くの野営地の食料を受け取りました

8. みんなが^ミルク、^果物を持ってきて、L>ときどき、足りないときもありました

9. 基本的なものが、というのも、「基本的食料かご」は、国立

10. 植民地化・農地改革研究所（から）のもので、ときどき配給が遅れて、

11. 家族が困ったことがあったんですが、全員ですべてを共有しました

12. お互いに、持っているものすべて...

（ビデオテープ「エスピリトサント州の土地なし農民の学校」から。ポルトガル語から著者、アキレス・デラリ・Jr、マウリシオ・カヌートが文字起こしして翻訳）

　抜粋3（上記参照）で始まった先生たちによる紹介は、詳細で非常に生き生きとしていて、子どもたちの興味を深く捉えた。ラクエル先生は、自分自身や、子どもたちが知っている定住地で暮らす人びと（ジョアンを含む）が警察の暴力、劣悪な生活状況、現実的・政治的困難と闘ったこと、そして現在住んでいる定住地を何とか少しずつ作り上げていったことを語った。質問の時間になると、子どもたちの一人であるアナが最初の質問をした。「仮設住宅に住んでいたとき、飢えを経験しましたか？」この質問は —— 他の同様の質問の中でも —— 運動の第一歩をめぐる現実的なディテールに関する質問という意味では、大変素朴である。しかし一方で、彼女が今享受しているもののために闘った、ラクエル先生や他の人びとにアナが感じている深い情動性を示してもいる。先人たちのドラマに関心を持たせ、共に経験させる先生たちの言説をアナがどのように理解したのかがわかる。
　ラクエル先生は、対話的なかたちでこの質問を繰り返し、これを機会に、当時

土地なし農民が直面した過酷な困難に対して、いかに連帯が解決策となったかを生き生きと説明する。「ある家族が食べるものがなくても、私たちが、たとえば、一瓶オイルを持っていて、それを＾スプーンで分けたんです、スプーン2、3杯分それぞれの家庭で鍋に入れて」(5〜7行目)。また、先生は、子どもたちが特別な配慮をされていて、一番多く野営地の食料を受け取っていた一方で、「全員ですべてを共有しましたお互いに、持っているものすべて...」(11〜12行目)ということも強調している。これらの現実的なディテールは、子どもたちが具体的な日常の知識から連帯やアイデンティティに関するより抽象的言説に進むことを可能にする —— ここでもまた、抽象的言説は、抽象的な倫理的原則としてではなく、ドラマ的に経験されたカテゴリーとして提示されている[10]。

　このような学級活動に参加することで、子どもたちは自分たちを孤立した個人としてではなく、植民地時代のブラジルの過去との不連続性を創り出す歴史の一部として見ることができた —— 最近書かれ始めた歴史であり、今も続いている歴史である。ラクエル先生のナレーションが創り出す歴史の包摂性は、生徒たちの日常生活が別の歴史的時代で虐げられていた人びとの日常生活と類似していると捉えられたフリーダムライターズ・プロジェクトの事例のような、単なる類推ではない。ラクエル先生のナレーションの歴史性は、非常に具体的であると同時に抽象的である。それは子どもたちの両親や近隣住民の歴史であると同時に、植民地主義の歴史であり、農地改革のための闘争の歴史でもある。このようにして、子どもたちがメタな視点から自分たちを捉えるだけでなく、歴史の形成に直接的に参加する余地を提供している。

　土地なし農民の学校でのフィールドワークの間、このような地域の歴史についての授業は、同様にデザインされた生態学、地理学、ブラジルの歴史、その他相互に関連する科目についての授業と組み合わせて行われ、それらはさらに、子どもたちが学校外の日常生活で成し遂げる実践的な課題、たとえば、畑で両親を手伝いながら農業を学ぶこと、子どもたちが集会や活動を自主的に組織して民主主義を学ぶことなどとも組み合わせられていた。ペダゴジア・ダ・テッラは、参加型で、対話的、協働的、変革的であり、学校とコミュニティでの生活との間の地続きの活動にもとづいている —— これは、欧米の学校の生徒や教師の視点からは、容易に想像できないことである。土地なし農民は、国が設立した公営の学校を占領し、そこから根本的に新しいものを作った ——「彼らの」教師、すなわち、運動出身で、運動に積極的に参加し、次世代の教育者として働くことに内発的に動機づけられた人びとのいる「彼らの」学校である（Thapliyal, 2006 参照）。

まとめ
—— 可能的発達と潜勢的発達

【抜粋4】

　夕方になり、かなり暖かいので、私たちは外に腰掛ける。私は、自分の調査研究のフィールドについて可能な限り質問をし、ジョアンは、頼まれていなかった、箱いっぱいの写真を持ってくる。彼の妻マリアと娘フェルナンダも家から出て庭にやってきて、私の隣に座る。私は何枚か写真を手に取り、一枚一枚ゆっくりと眺める。マリアはそれぞれの写真に何が写っているのか、誰が写っているのか、説明してくれる。ほとんどの写真は、私たちが今いる場所で土地なし農民として生活する以前に家族や野営地（現定住地）の人びとがたどった、さまざまな局面が写っていた。とても興味深く、夢中になって、私はひっきりなしに質問をする。

　ジョアンは私の興味に満足しながらも、箱いっぱいにある中から2枚、特別な2枚の写真を見つけ出そうとする。「よし、これだ！」彼は興奮しながらそう言うと、私に写真を見せる。彼が言うには、1枚は最近撮影されたもので、ジョアンとマリアが現在働いている、木々や植物に覆われた丘が写っている。もう1枚は、15年前のまったく同じ場所である。私は感動する。丘は岩と土に覆われ、木は1本だけである。ジョアンが私に教えてくれる。「当時、ここでは皆、何も耕作していなかったんです。水も灌漑もなかったんです。私たちはまず、あなたが前に見た雨水を溜める池を作り、木を植えて、そして今は...ね？」彼はこの写真を見つけられてとても嬉しそうで、思い出と経験を私と分かち合えてとても喜んでいる。食卓に並んだたくさんの写真を前にして、「旧い仲間たちとときどきこういった出来事を思い出して、泣いてしまうんです」と、ジョアンは言う。「土地の新しい占拠者たちには、今はこれほどの困難はありません。彼らには、この時代がどんなに大変だったか、想像もつかないでしょう...」

　（著者のフィールドノーツ）

　「旧い仲間たちとときどきこういった出来事を思い出して、泣いてしまうんです」というジョアンの言葉の背景には、何があるのか？　周縁化された若者の事例の場合では、学校での失敗や、就職して生計を立てることの失敗という個人的危機として捉えられたであろうことが、ここでは、生き抜いてきた集合的な歴史となる。過去が連続的に現在そして未来へと成っていくのを断ち切り、歴史の道

図4.1　1993年頃の土地なし農民の畑（写真提供：ジョアンと著者）

図4.2　2000年頃の土地なし農民の畑（写真提供：ジョアンと著者）。図4.1と同じ場所を示す（右の木が目印）。見渡す限りに多くの植物がある。

筋を変えることは、集合的な努力として捉えられていた。この観点では、危機を経験し、生き抜き、解決することは**活動**であり、それは個人的な意味生成の活動であると同時に、世界を変革する活動でもある。それは象徴的なレベルで行われるだけでなく、伝達的で、遂行的で、物質的−身体的な活動を伴う。このプロセスに費やされる感情的、精神的、身体的、技術的、その他の働きは具体的な結果

を生み出し、すべてのレベルで質的な変化をもたらす。

　この章では、土地なし農民運動の文脈において、別様の教育学、別様の学校、さらには別様の農学がどのように生み出されたかを検討した。この発達は、生徒が成功したか失敗したかという**可能的発達**の観点からのものではなく、生徒／学習者と教師との間、学校とコミュニティとの間、科目内容と日常生活の問題との間の関係すべてが別様になったという点で、**潜勢的**発達と考えることができる。すでに書いたように、ライプニッツ、スピノザ、ベルクソン、ニーチェを接続する哲学の流れを作ったドゥルーズは、理論的見地からは、**可能的なものと現実化可能なもの**との間に区別はないと指摘している。何かは**可能性**として**すでに与えられ**ており、それが**現実化される**とき、単に存在、あるいは実在性がそれに加えられるだけである。反対に、潜勢的とは現実的であるが、顕在的でない。潜勢性という概念は、集合性と情動性の両方を指している。「潜勢性とは、私たちの理解では、マルチチュードに属する活動する諸力（存在すること、愛すること、変革すること、創造すること）の集合である」(Hardt & Negri, 2000, p.357) [11] [訳注2]。

　この意味における学習と発達は、徹底的に生き抜き、目的を持ち、意味を生成し、変革するプロセスであり、そのプロセスはすべての心理的機能を伴い、個人的レベルおよび対人的レベルの危機を解決し、より広範な社会全体的－文化的－歴史的矛盾を映すものである。学習と発達に関するこの見方は、人間中心的であると同時に集合性志向的である。それは情動的、知覚的、認知的なプロセスに同時に言及し、積極的な関与と経験することを中心に据える —— このように、発達を成熟という自然なプロセスとして考える学習モデルや学習理論とは、まったく異なっている。

　これまでの諸章では、危機的状況にある若い生徒たちの事例を検討した。彼らの危機が、二つのかなり異なるかたちでどのように解決されたかを見てきた —— 彼ら自身を変えることに焦点を当てるか、危機の全体的な文脈に焦点を当て、彼らの個人的危機を形成した、より広範な社会的－経済的・倫理的－政治的矛盾に対処するか。たとえば、ドイツの実験学校のフェリックスの事例では、ドラッグや窃盗を避け、職業教育の可能性を模索する方向に向かっていったことで、少なくともある程度、彼が両親にとって良い子になったことを見た。対照的に、フリーダムライターズ・プロジェクトのメキシコ系アメリカ人の匿名の書き手の事例では、彼女が、どのように、自分の民族的背景や住んでいる場所のせいで自分に向けられる他者の予期を批判的に受け止め、学校に関心を持つようになり、世界を変えたいという大志を抱いて進学を目指したかを検討した。

これらのすべての事例で、生徒たちが経験した発達的危機が個人的レベルだけでなく、対人的レベルでもどのように生じたかを検討した。またそれらは、制度的な行動（たとえば、ドイツの実験的学校での「今しかない」という介入）を通じて管理され、新自由主義と直接的または間接的に関連している、より広範な社会全体的−経済的・倫理的−政治的矛盾を反映していた。このように、これらの矛盾は、単なる個人的な発達の危機ではなく、より広範な**新自由主義的**危機として捉えうるものの特徴を示している。

　この文脈においては、もし何かしらの「発達」があるとすれば、その発達は、ある特定の目的、すなわち、求職者であることという目的に向けられている。本書の「幕間」で見たように、この種の発達は、周縁化された生徒たちの視点から見ると、しばしば意味をなさない。マフムトやアントンのような生徒は、学校で失敗し、（さらなる）周縁化という破滅的な循環へと突入する。求職者になることがうまくいくことも、失敗することも、どちらも**可能的発達**として、すなわち、一方か他方かのどちらかが現実化される、発達に伴うすでに与えられた二つの可能性として捉えられる。

　潜勢的発達とは、こうした与えられた可能性を超えて、在ることと成ることの新しい道筋を創造する、まったく別様の関係的な全体を創造することである。このことを説明するために、私は、最終章のこの第4章で、ブラジルの土地なし農民運動の中で現れた教育的実践に目を向けた [12]。ここでの危機は、私たちの現在の視点から見たとき、はっきりとしていた。すなわち、独裁政治、植民地主義、帝国主義があらゆる可能な領地を「占拠」する大規模な輸出志向のアグリビジネスとして具体化され、そのため、結局、地元の人びとには土地も食料もなかった。この政治政策に対抗する運動として、ジョアンのような土地なしの人びとがこれらの領地 —— 大半は使われていない空き地 —— を「占拠し」、自立的な小規模の農業（彼らの言い方では、アグロエコロジーな）コミュニティを一歩一歩作ろうとした。

　共有、連帯、直接民主主義的協働、そして過去と未来を再定義することを通じた政治的意識の出現が、ここでは中核的であった。過去は「生まれ変わった」。すなわち、過去は植民地主義的・帝国主義的な土地収奪の過去として記憶され、未来は、この過去の延長としてではなく、根本的に別様な —— そして、いまだ予測できず、開かれている —— 何かとして捉えられた。

　土地なし農民運動は、ブラジルとラテンアメリカ一般の植民地主義的・資本主義的歴史を踏まえると、すでに想像をはるかに超えたものになっていると言える

（Branford & Rocha, 2002 参照）。今日では、地方政府や中央政府が、土地なし教師の給料を払っている。土地なし農民運動は、ブラジルの主要な反覇権運動と考えられており、ラテンアメリカの最も重要で急進的な社会運動の一つであり、ブラジル全土で150万人ものあらゆる年代、民族、人種の土地なしの人びとが組織されている（Karriem, 2009）。さらに、土地なし運動 ―― そして、その教育的政治政策 ―― は、これまでの諸章で検討したヨーロッパやアメリカから「かけ離れた」ものではない。それどころか、いわゆる「グローバルな」欧米の課題に直接問いを投げかけるものであり、土地なし運動のさらなる発展は、ヨーロッパ、アメリカ、そして世界中の「下からの」同様の運動の発展とつながっている[13]。

エピローグに代えて
―― 学習のダイナミクスと生成としての発達

　発達心理学と教育心理学における時間の概念は、ピアジェの初期の著作を通じて導入され、またそれはダーウィンの進化論にもとづいていた。ペレ‐クレモンとランボレズが書いているように、

　　[ピアジェは..]いわゆる「発生的」アプローチを確立した。生物学に触発されて、彼は自然科学から受け継いだ時間を心理学に移植し、進化の概念を再解釈し、そして同化、調節、均衡化の概念を持ち込み、それらに説明機能を持たせた。(Perret-Clermont & Lambolez, 2005, p.3)

　進化論は、物理学に由来する時間の直線的な理解を含意していた。デヴィッド・ヘスによれば、ニュートン物理学は「ある意味で時間を超越した可逆的なものであった」(Hess, 1977, pp.130-131) が、19世紀になると熱力学を通して、不可逆的な時間の概念が物理学に取り入れられた。このように、科学的言説の中で、時間は測定可能で、不可逆的で、直線的なものとして認識されるようになった。時間に対する直線的な理解は、世界を進化の観点から概念化する多くの分野（生物学、地質学、人類学、社会学、政治経済学など）へと広がっていった。科学技術研究者のブルーノ・ラトゥールは、発達に対するこのような理解を批判する[1]。

　　[ピアジェにおける発達は]**可能性として**前からそこにあったものが「時間に沿って」実現することである (...) [それは] 決められていたことを展開するが、実際には何も起こっていない。それはちょうど、新しい情報をもたらす振り子の実際の落下なしに、元の位置からの振り子のすべての位置が計算可能であるのと同じである。

　ラトゥールはここで、（初期の）ピアジェにとっての過去と未来は前もって仮定されており、発達はそれらを結ぶ矢印として概念化されていると主張する。時間の概念一般は、物理学、科学、哲学、社会学において、長きにわたって議論の焦点となってきた[2]。しかし、時間についての議論は、発達心理学と教育心理

学にはあまり反映されてこなかった。それらは、進化の考えとその根底にある直線的な時間の理解を当然のこととしてきたように思われる。ただし、わずかな例外もあった。

心理学におけるダーウィンの進化概念の批判的な読みは、ジャン・ピアジェの後期の研究に見られる（主に Piaget, 1987）。また、1990 年代に、ジョン・モースによってさらに根本的な批判が表明された（Morss, 1990, 1996）。ヤーン・ヴァルシナー（Valsiner, 1994a）もまた、日々の現実が一貫していないにもかかわらず、いかなる発達理論も一貫したものでなければならないという前提に内在する問題に言及している。さらにこの時期には、マイケル・コール（Cole, 1995）が発表した論文に、同時に働く異なる時間ゾーンと、時間と媒介の間の関係についての最初の理論的な精緻化も見られる。最近では、アン−ネリー・ペレ−クレモンたち（Perret-Clermont, 2005; Perret-Clermont & Lambolez, 2006）が、時間についての学際的な観点を発展させようと試みている。それは、ジャン・ピアジェ（1946/1970）の古典的研究をはるかに超えて、一連の認識論的な関心を提起している（Valsiner, 1994b, 2001 参照）。さらに、ユーリア・エンゲストロームは時間に対する直線的な理解と因果関係の概念を批判し、**菌根に似た活動**という概念を導入した。それは、文化−歴史的活動理論が将来さらに発展しうる、別の方向性を示している（Engeström, 2006, p.30）。

だが、これらのアプローチは、**発達の時間性**を具体的な学校の制度的・教育的な実践の中に位置づけることをほとんどしていない。初期の批判的教育学のアプローチは、教育活動の未来志向を批判し（Korczak, 1929/1971; Schleiermacher & Weniger, 1826/1957）、後の批判的教育学のアプローチは、資本主義経済の文脈の中の教育において時間が組織される方法を問題にした（たとえば、資本の生産と学習プロセスの間の類似性に関しては、Geissler, 1985; Mollenhauer, 1981, 1986; Oelkers, 1980 参照）。しかし、これらのアプローチもまた、心理的発達について検討しておらず、分析の個人ならびに個人間のレベル、制度のレベル、あるいは幅広い社会全体のレベルの間の関連性についても探求していない。このように、理論と研究にはギャップがあり、批判的教育学のアプローチに関しても心理学のアプローチに関しても、それらはしばしば単純化を引き起こしてしまうのである（Delhaxhe, 1997 参照）。

進化論は、通常ピアジェの発達心理学に代わるものと見なされている、レフ・S・ヴィゴツキーのアプローチにも強い影響を与えた。ソヴィエト連邦では、進化の概念はヴィゴツキーのずっと前から、主にソヴィエト比較動物学の基礎を

築いたウラジーミル・アレクサンドロヴィチ・ワグナー（Vagner, 1849-1934）の研究を通して重要性を高めていた[3]。この文脈において、マノリス・ダフェルモス（Dafermos, 2002）の歴史研究からわかるように（Vygodskaja & Lifanova, 2000 も参照）、ヴィゴツキーは、心理学は緩やかではあるが他の生物科学と同じように進化していくと考え、「進化」の概念を彼の心理的発達へのアプローチに適用しようとした。この背景のもとで、彼は、たとえば「低次」と「高次の精神機能」の区別を導入したが、これは明らかに時間に対する進化的な理解を示している。

　ヴィゴツキーは進化論に大きな刺激を受けたが、彼はまた（カール・マルクスとフリードリヒ・エンゲルスはもちろん）ゲオルク・ヴィルヘルム・フリードリヒ・ヘーゲルにも大きな影響を受けた（Dafermos, 2002, pp.35-38 参照）。ヘーゲルの弁証法は、進化論とはまったく異なる時間の概念、つまり、二つの矛盾する要素のダイナミックな対立から生じる、質的に異なった**全体**の統合における時間の概念に依拠しているのである。この「全体」は、二つの矛盾する性質の対立にあらかじめ内在しており、この対立が解決される方法を導く理想形である。この文脈で、ヴィゴツキーはピアジェの発達の概念を鋭く批判した。

　　発達のプロセスは、より要素的で原初的な思考形式を土台とした思考の新しい特徴、つまりより高次の、より複雑な、より発達した思考形式の絶え間ない出現として提示されていない。むしろ、発達はある思考形式が他の思考形式によって、徐々に、そして継続的に押し出されていくプロセスとして描かれる。思考の社会化は、子どもの思考の特徴が押し出されていく、外的で機械的なプロセスと見なされる。この意味で、発達は、ある液体が、外から容器に押し込まれて、先に容器に入っていた別の液体に置き換わるプロセスに似ている。（Vygotsky, 1934/1987, p.175）[訳注1]

　ヴィゴツキーは、ピアジェが発達を、どんな思考の変容も起こることなく、すでに存在している大人としての形態が確立されるプロセスとして描いていることを批判した。その代わりにヴィゴツキーは「全体」、つまり与えられた理想型── ただし、この理想型は日々の実践の中に見出される理想型である ── に至るダイナミックなプロセスとして、発達に対する弁証法的な理解を提案した（ここでヴィゴツキーは、ヘーゲルからマルクスへと移行している）。

発達の最後になってやっと具体化するはずの何かが、何らかのかたちでこの発達のまさに第一歩に影響を与える。同じようなことがそこここに見受けられ、それは子どもの数の概念、つまり算術思考が発達する方法についても言える。子どもは最初、就学前の時期には、まだ量について非常に限られた曖昧な考えしか持っていないことは周知の事実である。しかしながら、この子どもの算術思考の初歩的な形式は、すでに確立した大人の算術思考との相互作用に巻き込まれるのである。つまり、子どもの発達の全プロセスによって生じるはずの最終的な形式が、ここでも、すでにそこにあるだけでなく、この形式の発達の道筋に従って子どもたちが進んでいくその第一歩を実際に決定し、導いているのである。

　このことが、どの程度まで子どもの発達に固有の、きわめて特別で、独特で、無比の条件を作り出すのかを理解してもらうために、次の質問をしてみよう。たとえば、生物学的な進化がどのようなものであるかを想像できるだろうか？　低次の原初的な形式のみが存在している発達の最初の時期に、発達の結果としてのみ現れる理想的な、高次の形式がすでに存在していて、その直接的な影響の下で低次の形式が発達すると想像できるだろうか？　もちろん、このようなことは決して想像できない［...］このことは、他の種類の発達と比較した子どもの発達の最も重要な特殊性を包含している。他の種類の発達において、私たちは同じ状態を発見することも、同じ状態に出会うことも決してないのである。(Vygotsky, 1935/1994, p.348)

　ヴィゴツキーの研究に見出される、進化論のそれとも、弁証法のそれともまったく異なる時間の概念は、**プロセス**の概念である。ここには、ニーチェから得た彼のインスピレーションに加えて、トロツキーの政治理論、フロイトの精神分析理論、そしてアリストテレスやスタニスラフスキーの美学論にさかのぼる影響を指摘できる。この決定的な影響は、彼のさまざまなテクストに明示されているが、それはしばしばソヴィエト連邦のイデオロギー機関によって検閲された (Dafermos, 2002; Keiler, 2002 参照)。ここで中心となるのはニーチェ哲学の、前とは異なったものになる同一物の永劫回帰という概念であり、これはヴィゴツキーの発達の危機についての著作に暗示されている。時間に対するこの理解にもとづくならば、ヴィゴツキーにおける**危機**、あるいは**ドラマ**は、（進化論や弁証法におけるような）理想型をもたらすのではなく、予測できず、予見もできない結果をもたらす対立、矛盾、そして質的な変化の集中的な経験なのである（それ

ゆえに、ヴィゴツキー自身が採用した他の時間の概念と対立している！）[4]。

この注目すべき三つの異なる時間概念の共存は、ポスト・ヴィゴツキーの理論と研究の全体にわたってほとんど無視されてきただけでなく、ヴィゴツキーの研究に関する二次資料においてもほとんど無視されてきた。私の考えでは、ヴィゴツキーの著作の最初のものから最後のものまで（Vygotsky, 1925/1971, 1929/2005, 1932-1934/1998, 1932-1934/1999, 1934/1994）、全体を通して、時間と人間の発達を進化論（直線的な発達）ないし弁証法（与えられた理想型に向かう発達）の観点から概念化する傾向が、発達を（予測できない結果とラディカルな新しさをもたらすドラマとしての）永劫回帰の観点から理解する傾向と並んで現れている。バフチンの言葉を借りるなら、時間と発達に関するヴィゴツキーの研究は**多声性**を示しており、それゆえに異なる解釈へと正当に開かれていると言える[5]。

この時点で私が、ヴィゴツキーの研究の中に、さらに第四の異なる時間に対する理解の痕跡まで見出すと言うならば、読者は驚くかもしれない。ヴィゴツキーは、人間の発達は媒介を通してのみ可能であるという考えを導入した。ヴィゴツキー（1934/1987）によれば、人間の発達は社会的な関係性の中で生じ、それは記号と道具によって**媒介されている**。精神機能もまたこの関係性の中で現れ、記号と道具によって**媒介されている**。しかし、ヴィゴツキーは、少なくともある程度まで[6]モダニストであり、彼の構想のラディカリズムを徹底しなかった。媒介装置 —— 記号と道具 —— は、コミュニケーションや思考を媒介するだけでなく、まさに発達それ自体の時間性を形づくるのである。

モダニストの認識論とは反対に、**媒介**の概念から離れて、時間とはその中で発達が —— それが直線的にであれ、弁証法的にであれ、あるいはドラマ的にであれ、どんな方法であっても —— 展開していく普遍的なアプリオリ、入れ物、あるいはフローではないと論じることができる。時間一般、そしてとりわけ発達の時間性は、存在が互いに関係しあう方法の帰結なのであり、そのことが**時間**という語と**発達**という語もまた複数形で用いられることを暗示している。つまり、関係性を媒介する方法の数だけ、たくさんの時間、そしてさまざまな発達の時間性が存在するのである。たとえば、スケジュール表、保存記録、時計、発達のダイアグラム、本、映画、ローカルな歴史についてのナラティヴ、社会運動のシンボルなどの**媒介装置**は、**複数の時間と複数の発達を組み立てる**。ブルーノ・ラトゥール（Latour, 2005b）は、さまざまな時間性の**関係的な創造**ないし**媒介された創造**について述べるために、**時間の組み立て**の概念を導入している。これは、存在物は時間の**中**に存在するのではなく、むしろ活動の中で特定の配置にまとめられた存

在から時間が**つくられる**のだということを含意している [7]。

　私たちは本書で、18歳前後の生徒たちが、学校で失敗した経歴のある生徒たちのためのドイツの実験学校で、特別に設計された一連の**媒介装置**を通じて、日々の経験にどのように**意味**を与えたのかを検討した（第1章）。発達のダイアグラムや個人レポートなどの媒介装置が、非常に個別化した方法で、自分自身に説明責任を持ち、自分の仕事の希望や職業志向について決断しようとしながら、「未来に目を向ける」（序章参照）ことを彼らに可能にしていた。特に、ギュルデンの事例において明らかになったように（第2章）、使用された媒介装置は生徒の思考を形成しただけではなかった。それらは、彼らの発達の時間性もまた形成し、そのため、発達の時間性が制度的なスケジュールと一致したのである。

　したがって、発達を**行う**ことは時間を**行う**ことであり、その逆もまたしかりというように、時間と発達の両方が、共に組み立てられ、絡み合い、処理されるのだと言うことができる。同様に、時間**の中で**発達するのは、単一の**主体**ないしは**人間**ではなく、関係性のシステム、つまり関係的「**全体**」であり、それはその要素間の質的に新しい関係性の発達を通して、質的に同じ状態にとどまるか、あるいはそれ自体が異なったものとなるのである。この**プロセス**は集中的なものであり、また質的なものである（それゆえ、ここには、ヴィゴツキーの「ペレジバーニエ」の概念で強調されているように、ニーチェとの関連がある）。しかしながら、このプロセスはまた、時間を計測し、定量化し、組織し、空間化し、客体化する媒介装置によって組織され、方向づけられ、安定化され、客体化されてもいる。**集中的な**個人のドラマチックな経験と、第1章の図1.1のような**延長的な時間性**を課す発達のダイアグラムは、互いに外的なものでも反対のものでもない。それらは、互いを包含しあい、その性質を維持するか、あるいはそれ自体が異なったものとなるより広い関係的全体の一部でありながら、相互にそれら自身を構成しているのである。

　別の媒介装置を持つまったく異なる媒介的活動の中で、アメリカのカリフォルニア州における匿名のフリーダムライターズ（第3章）とブラジルのエスピリトサント州における土地なし農民（第4章）のジョアンは、地域コミュニティの他のメンバーたちと共に、集合的な過去を共有し、集合的な未来を思い描く**ドラマチックなプロセス**に加わった。地域のコミュニティの他のメンバーたちと、抑圧および正義と自由のための闘争についての集合的な歴史を共有し、批判的に省察することによって、これらの若者たちは自分たちの日々の経験にまったく異なる**意味**を与えた。そのため、ドイツの実験学校のギュルデンや他の生徒たちの事例

（第1章、第2章、幕間）とは、まったく異なる過去と未来が顕現したのである。

　もちろん、都市と田舎という異なる地理的空間において展開される教育には、考慮すべきそれら自体の特性がある。しかしながら、本書で提示した資料にもとづいて時間と発達を媒介されたものとして理解することから出発すると、私たちは二種類の**発達の最近接領域**に対する理解を区別でき、ヴィゴツキーの時間と発達に対する理解をさらに一歩進めることができる。すなわち、（a）可能的発達の領域（前もって与えられたものが実現されるという意味で可能的）と、（b）潜勢的発達の領域（まったく異なる、いまだ与えられていない発達の構成が顕在化されるという意味で潜勢的であり、これは発達を形成する媒介的活動の特性によって左右される）を区別することができる。

　ブラジルの土地なし農民運動の一員だった若者たち、そして自分たちが経験した危機はそれを生み出すより広範な**関係的全体**に介入することなしには解決されえないと理解した若者たちの発達は、**可能的**とは対照的に、**潜勢的**なものであった。それゆえに彼らは、全員のためのまったく異なる社会−物質的な未来——過去に直線的に従う未来ではなく、過去が記憶され忘れられる方法そのものを定義し直すことによって想像を超えていく未来——をつくり出したいという**願い**に導かれた、協働的な媒介的活動によって主体として構成され、またその活動を構成していたのである。このプロセスは**ドラマチック**で、**協働的**なものであった。そして、それは心理的発達という意味でジョアンのような関わった若者たちを変容させただけでなく、発達が埋め込まれている関係性の**質**も、誰も前もって知ることができなかったやり方で変容させたのである（別の**媒介的活動**の中で新しい教育が現れ、生徒と教師は以前定義されていたような生徒と教師ではなくなり、制度としての生徒の教師に対する関係性と学校に対する関係性が異なるものになり、学校もまたもはや以前に組織されたままの学校ではなくなった）。

　それゆえ、私には**発達の潜勢的領域**は、単一の人間の広範で空間化された発達を言うのではなく [8]、**質的に異なる関係性の発達**を言うように思われるのである。このような**関係性**は、ヴィゴツキー（1934/1987）が書いているように、心理的機能に関わると同時に、今日の新自由主義的レジームにおいて形成され、対処されるような発達の危機に関わる、より広範な社会−経済的で、倫理的−政治的な矛盾とも関わっている。新しい関係性の生成は必然的に、（共有された、そして個人の）過去、現在、未来を理解する新しい方法の確立と共に進んでいく。この意味で理解された近接は、**未知なるものへの近接**である——ほとんどのポスト・ヴィゴツキーのアプローチのような、既知のもの、あるいは可能的なものへの近

接ではない^[9]。

　私は、このような時間と発達に対する理解は、明らかにヴィゴツキー自身の考えを超えているが、ヴィゴツキーの原理に沿ったものだと信じている^[10]。ジーン・レイヴとエティエンヌ・ウェンガー^{［訳注2］}は、発達の最近接領域の三つの主要な解釈を区別している。(1) 足場かけ、(2) 文化的、(3) 社会全体ないしは集合主義的（Lave & Wenger, 1991, pp.48-49 参照）^{［訳注3］}。発達の最近接領域の足場かけ解釈は、発達と主体性のメインストリームのような理解を再生産している。ここでの**発達**は、単一の人間の発達を意味し、社会的な関係性、あるいは社会全体の関係性の発達を意味しない。この見方は、文化−歴史的な指向のアプローチと対比できるだろう。このアプローチは、発達の最近接領域を、通常、教育によってアクセス可能になる社会−歴史的な文脈によって提供される知識と、個人の日々の経験の間の隔たりとして考える（Davydov, 2008; Davydov & Markova, 1983; Hedegaard, 2005; Hedegaard & Lompscher, 1999）。

　他の解釈は、ハリー・ダニエルズがバーンスタインの社会学と組み合わせて提案した解釈（Daniels, 2001, 2006）や、マリア・セシリア・マガリャエスが学校の文脈における協働に言及して提案した解釈（Magalhães, 2009）のような、さらにいっそう社会全体ないしは集合主義的な観点をとる。このような集合主義的な方向で、ユーリア・エンゲストロームは発達の最近接領域を次のように定義する。

　　個人の日々の行動と...日々の行動に可能的に埋め込まれたダブルバインドの
　　解決法として、集合的に生み出されうる社会全体の活動の歴史的に新しい形式
　　の間の隔たり。(Engeström, 1987, p.174)^{［訳注4］}

　上で述べたように、ヴィゴツキーの研究に明示的に、あるいは暗示的に示された時間を概念化する四つの異なる方法を考慮すると、発達の最近接領域について提案された理解の多くは――いかにそれらが細部において異なっていようとも――、暗黙に進化（足場かけ）、あるいは弁証法（レイヴとウェンガー（1991）の区分に言う、エンゲストロームの社会全体のアプローチも含んだ、文化的、または文化−歴史的アプローチ）の観点から時間を定義する**発達の可能的領域**に言及していると言える。この点で、マガリャエスとダニエルズの発達の概念はより複雑だと見ることができるが、それらもまた、発達の最近接領域の時間性をいかなるかたちでも明示的に定義していない。**経験する**ことのドラマチックな側面を強調する別のアプローチ（Delari & Bobrova-Passos, 2010; Veresov, 2004 など。第1

章 参照）は、ニーチェの永劫回帰の概念にもとづいて発達の最近接領域を定義
している。しかし、上で示唆した経験すること、媒介的活動、そして集合性の間
のつながりを検討することで、この概念を拡張してはいない。まさにこのつなが
りこそが、**可能的**発達と**潜勢的**発達の区別をもたらすのであり、私はこの区別は
認識論的－理論的な理由からだけでなく、その実践的な意味からも本質的なもの
だと考えている。

　特に、今日の世界規模での社会保障と教育制度の新自由主義的変容という文脈
において、この区別はきわめて重要である。なぜなら、（可能的）発達はしばし
ば**自己のテクノロジー**として機能し、その結果、逸脱せず、説明責任を持ち、そ
して自己制御できる個人（Foucault, Martin, Gutman, & Hutton, 1988）を生み出し、
より広範でよりラディカルな社会－経済的で倫理的－政治的な変化のチャンスを
排除してしまうからである。

　この意味での**可能的発達**が暗示しているのは、ジェンダーおよび、社会－文
化的ないしは民族的背景とは無関係に、「自分の才能を見つける」ため、自分の
成績を向上させるため、そして就職市場と消費者の世界に参入するために、批
判的な省察や抵抗なしで自分の過去を省察する新自由主義的な自己の創造であ
る。もしもすべての自己の技術、ないしテクノロジーがうまく働くなら、発達
は「求職者」—— 現代の学校の管理プロセスが是認する主体性 —— につながる。
ディミトリス・パパドプロスが指摘するように、この主体性は制度的なものと
主体的なものの混合物であり、公的なものによる私的なものの取り込みである
（Papadopoulos, 2005）。発達に対するこの理解は、ポスト・ヴィゴツキーのアプ
ローチにおいてしばしば再生産される。しかしそれは、明らかにヴィゴツキーの
原理に反している。

　潜勢性の観点から発達を概念化し、発達を行うことは、これらの技術、テクノ
ロジー、そして媒介された配置からの脱出、したがって、新自由主義的な権力関
係からの脱出の第一歩を暗示している。潜勢的発達はドラマチックで予測できず、
また可能的発達よりもはるかに実現するのが困難であるが、それは周縁化された
若者たちが今日経験する危機を、単に先送りないし最小化するのではなく、実際
に解消できる唯一の方法なのである。第3章と第4章で述べたように、省察の条
件を省察し、集合的な過去と未来を行うという意味で協働することは、周縁化さ
れた若者たちが自分たちの発達と教育の条件に挑戦する力を与えうる。なぜなら、
関与する媒介装置に応じて、過去、現在、未来を行う多様な方法が存在するから
である。このことは、人間の発達は無限でありうるということ、また記憶と経歴

は想像力と結合しうるということを意味している。

　若者は、自分自身について内省し、周縁化、失業率の上昇、あるいは暴力や人種差別のようなより広い社会問題を個人的な問題として捉える代わりに、自分たちの**発達の社会的状況**における重要なコンフリクトに集合的に取り組んでいくことができるようになる。より広範な社会的−経済的で、倫理的−政治的な問題を自分たちの失敗として捉えるのではなく、彼らは**新しい社会全体の関係性**を生み出すことに積極的、協働的に加わり、潜勢的な自己と集合的発達を同時に顕在化させることができるようになるのである。

幕を閉じて [訳注1]

　本書は、人間の発達がもはや与えられた社会全体の、政治の、そして経済の関係的全体への同化を目指した個人の発達という観点から概念化することのできない、上で論じたようにあらゆるレベルの危機にあるという意味で、非常に危機的な時期に改訂され、日本語に翻訳された。もはや十分に安定したままで、そこに適合するように発達することができるような社会は存在しない。世界銀行によると、COVID-19のパンデミック以前でさえ、世界の負債総額は244兆米ドル（世界経済規模の3倍以上）であり、地域経済と国家経済にダメージを与えていた。COVID-19の出現以来、パンデミックによって生産、サプライチェーン、そして金融市場が大きく混乱し、日ごとに世界の負債総額はかつてない高い水準に増加している。

　COVID-19の経済的な影響は、世界中の若者たちにとって有害であろう。彼らは、前代未聞の額の負債を年長世代から、いわば「相続する」のである。もしも、これがすでにまったくありえないことではないとするならば、本書の序章で述べたファッションや美容に夢中なYouTubeのvlogのように、楽しく落ち着いて「あちこち買い物をする」ことは、ほとんどの世界中の若者たちにとって、すぐに非現実的なことになるだろう。現代に育つ子どもや若者の世代全体が、ジェンダー、人種、文化、宗教、地理的な側面に関連する不平等のますますの増大、資金不足の教育制度、不安定な暮らし、そして上昇する失業率を経験する危険にさらされている [1]。

　この背景のもとで、学習と人間の発達を集合的な生成という観点から、つまり、まだ顕在化していない潜勢的な過去と未来の観点から描くことが急務となっている。これは終わりのないプロジェクトとして、主観的経験から公共の利益のための闘争への、またその逆への永劫回帰、すなわち絶えず権力関係から脱出する運動として理解されるべきである。第4章の**土地なし農民運動**の分析が明らかにしたように、集合的な生成は教育、つまり、子ども、若者、教師、そして彼らと共に働く他の専門家に関係しているだけではない。それはまた、より広範な社会－経済的な配置と、新しい種類の倫理的－政治にも関係している。それらは、以下を含むが、これらに限定されるものではない。

- 働きがいのある人間らしい仕事、労働の尊厳、そしてケアの経済
- 持続可能性、平和、そして応答責任を持ったグローバル・ガバナンス
- ピア・トゥー・ピア経済および、人種、文化、ジェンダー関連の壁を越えた知識の共有

　このような潜勢的な過去と未来を顕在化させることがどんなに困難であろうとも、古いものの廃墟から新しい社会 − 経済的な配置と倫理的 − 政治がすでに現れつつあることを見ることができるのであり、それらは固定したアイデンティティと、ここでジュディス・バトラー（Butler, 1990, p.149）の言葉を借りれば、「一連の既成の主体に属する興味と言われるもの」を超えていくのである。ブラジルの**土地なし農民運動**だけでなく、この数年の間に若者たちが積極的に参加してきた**未来のための金曜日**、ブラック・ライブズ・マター、ミー・トゥー、そしてより規模の小さい、あるいはより幅広い他の多くの社会運動について考えるとき、**過去と未来**を行うことが質的に異なった方法において起こりうるということが、私には明らかとなる。それは、世界の最も多様な都市や田舎に住む若者たちの教育状況と、より広範な社会全体の状況をラディカルに変容させることができる企てなのである。

付　録

研究方法、およびさまざまな研究サイトと
グループへのアクセス

　7〜9ページですでに述べたように、本書で提示された議論は、(a) 参与観察にもとづくフィールドノーツ、(b) クラスでの話し合いの録画データ、(c) 職員会議の音声データ、(d) 半構造化された、オープンエンドなインタビューと、彼らに割り当てた絵的、比喩的な課題を含む児童・生徒とのやりとり、(e) 多様な学校文書（たとえば、学習教材、インターンシップの報告書、等々）、(f) 教師と生徒による出版物、(g) その他の公文書からなる幅広いデータセットにもとづいている。補足的な資料として、学校外の日常生活におけるさまざまな活動の録画データもしばしば用いた。また、「アクタント間のつながり」と記号的・物質的な行為の相互依存性を強調して、記号的・身体的な行為を記録する多様な方法を用いた（Latour, 1987, 2005a）。

　さまざまな研究サイトとグループへのアクセスについては、私は可能な限りあらゆる方向に研究を広げようと試みた。つまり、若者たちとのさまざまな活動への参加、公的・私的を超えて異なる研究サイトへの訪問、異なる研究方法と技術の使用、研究フィールドのすべての調査対象者とのやりとりなど。私は彼らからの要請に非常に敏感に応答すべく心掛けた。すべての事例において、校長と地方自治体が私の研究プロジェクトを承認した。この承認ののちに、私の研究への参加を希望した生徒に対して、研究を説明した上で参加同意の署名をもらった。ほとんどの事例において、生徒たちは16歳以上だったので、追加して親の同意を得る必要はなかった。私の研究へのより若い参加者については、親あるいは監督する大人から倫理的許可を得た。インタビューと映像記録への参加は選択可能であり（トルコ人家庭の女子など、何人かの生徒は参加しなかった）、私の研究フィールドに参加した個々の対象者の調査活動に関するすべての要望に対して、最大限の配慮を行った。

　研究を行った場所の大部分で、細部には多くの違いがあったが、私は留学生あるいは研究者であり、そして教師からも生徒からも**異質な何者か**、つまり彼らがすでに持っているカテゴリーに従って簡単には分類したり理解したりできない何

者かとして認識されていた。この事実は、私に大きな柔軟性を持たせ、もし私が
ドイツ、ブラジル、アメリカに住んでいる移民であったり、それらの国の地域住
民であったならば、同じようには機能しなかったであろうたくさんの関係性を築
くことができた。生徒にとっては、私は彼らと教師の間に位置づけられることが
多く、一方で教師にとっては、私はしばしば海外から来た同僚として見られてい
た（私はギリシャで育ち、二十代前半にドイツに学生として来たため、ドイツでも
同じように見られた）。

　とは言え、私と生徒との交流は実に多様だった。たとえば、ドイツの男子生徒
の何人かにとって、私はギリシャ人であったため、彼らの比較対象とならない若
者であり、時にドイツ国民としての彼らの立場と比べて劣った存在として見られ
た（彼らから見て明らかに劣っている例の一つは、私が話しているときの発音や文
法ミスだろう）。他の若者たちにとっては、学校で彼らをサポートする年上の生
徒であったり、（一部は同性という理由で）彼らが信頼する存在、あるいはまった
く興味のない存在であった。

　移民の背景を持つ多くの若い女性にとって、男性で異なる民族的背景を持つ私
は、他者を交えずにインタビューをしたり、彼女たちを撮影したりしようとする
（これは彼女たちの容姿に過剰に関心があると見なされた）、いささか奇妙な人物で
あった。その結果、これらの要望は大多数の生徒たちから断られた。他の若い女
性にとって、私は（私の年齢から）、潜在的な恋愛の対象であり、彼女たちにか
らかわれるか、避けられるかであった。両方の場合において、実習生あるいは研
究者としての私の役割を明確にしようとする試みは、いとも簡単に誤解された。
そのため私は、彼女たちから距離を置くようにした。このすべてが、ブラジルの
土地なし農民コミュニティにおける研究ではまったく異なっていた。まず、私は
運動に深い関心と連帯感を持つ者として認識されていたからである。そして、私
の他の属性（ポルトガル語の運用能力の無さ、ジェンダー、大学教育、社会階層）
が、むしろ多様な人びとの関心を引き付け、彼らは私に手を貸したいと言ってく
れ、実際に非常に手厚くもてなしてくれた。

データ分析と解釈

　すべての言説資料は、言説分析の手法といわゆる**ドキュメンタリー法**と呼ばれ
る方法とを組み合わせて分析した（Bohnsack, Nentwig-Gesemann, & Nohl, 2001;
Fairclugh, 1992; Keller, 2005）。フィールドノーツと録画の分析はエスノグラ

フィーと科学技術研究のアプローチに触発されている（Emerson, Fretz, & Shaw, 2003; Jessor, Colby, & Shweder, 1996; Latour, 2005a）。全体のデータセットの分析と解釈は、理論構築とフィールド研究と並行しながら展開された以下の手順を踏みながら、関連した段階を次々と実施することで展開した。

(1) 研究者が与えられた行動／信念に付与した意味と、生徒および教師によってそれに付与された意味の2種類の意味を分離する。注：コミュニケーションしているパートナー（生徒、教師、私自身）間の日常的な理解に特別の注意を払った。この理解は二つのカテゴリーに分けられる。伝達的理解（全員によって共有されているもの）と、共同的理解（個々のコミュニケーションのパートナーに特有のもので、彼らの経験によって決定される）である（Bohnsack, 2003; Bohnsack et al., 2001 参照）。この側面は、特にインタビュー、教師の議論、映像記録の分析において重要であった。

(2) 当初のリサーチ・クエスチョンの再配置 – 当初の研究計画案の再検討

(3) 資料を年代順にマッピングして整理し、特に目立った特徴を記録する

(4) (不) 規則性／パターンを探す

(5) 資料を単位に分解する前に首尾一貫した全体像が浮かび上がるように、それまでに発見されたことの要約を書き、断片をつなぎ合わせ、関係を発見する

(6) データを情報の最小単位に言い換えて分割する

(7) この単位を、状況的要因、空間的、時間的、物理的次元でコーディングする（ⅰ）

(8) 機能的、構成的、哲学的、記号論的、文法的、社会的次元でコーディングする（ⅱ）

(9) カテゴリー化：その結果の諸項目を、(a) 分析的帰納法（分類学的分析と機能的分析）、(b) 異なる研究資料の比較、(c) 列挙と類型、の諸手法によってカテゴリーに分類する（単位のグループ化）

(10) 理論化：抽象的なカテゴリーと構成概念、個人、事件, 出来事、人工物の関係性を作り出すことによる適用、ないし統合。資料の中に、（多くのあるいは異なる）「地図」を作成する

(11) 資料をデータに照らしてチェックする：否定的／矛盾する事例を選択する

(12) フィールドからフィードバックを得る

(13) 研究の状況依存性、フィールドで行われるさまざまな主体と私の相互作
用、使用された言語について検討し、明確化する

口語データの文字起こしとコーディング

　本書で用いられている名前はすべて変えられており、仮名は生徒や教師の民族
と性別を示している。本書のさまざまな部分でその行動をたどりやすくするため
に、それぞれの仮名は特定の生徒や教師を指している。

　透明性を尊重するために、エスノグラフィーおよび言説的な資料からの抜粋は
すべて、ドイツ語またはポルトガル語の原文とその英語の翻訳を併記した[訳注1]。
これには、生徒が書いた文書の原文も含まれ、それらは修正なしで提示されてい
る。言語とパフォーマティヴィティに関する最近の説明（Bohnsack, et al., 2001;
Wulf, Göhlich, & Zirfas, 2001）に従って、私の研究では、研究参加者が**何**を言っ
たかだけでなく、**どのように**言ったかも分析しようと試みた。すべての発話は、
標準的な文法規則に一致するようにではなく、音声学的に文字起こしした。この
正書については、たとえば, Dis is ja 'ne（Das ist eine）のように、しばしば一重
丸括弧を用いて示される。

　また、ここで指摘しておかなければならないのは、生徒も私も、たびたび文
法的に誤ったドイツ語を用いていたことである。私が生徒たちと共有したこの
「共通」言語は、移民やサブカルチャーの背景を反映しており、もちろん適切に
英語に翻訳することはできない。同じことが、ドイツの教師の方言にも、ブラ
ジルの生徒や教師にも当てはまる。*Talking data: Transcription and coding in
discourse research.*（Edwards & Lampert, 1993）という本をもとに、私は本研究
の口頭データの特徴を示すために、以下のコードを開発した。

（テクスト）	（著者による言語／単語の原文の間違いの修正を追加）
（（テクスト））	（（著者によるコメント））
［テクスト］	T: ［同時に発話されたテクスト］
	M: ［同時に発話されたテクスト］
＜テクスト＞	（話している間に変更されたテクスト＞（例　テクスト＜こ
	れは、これは、えー＞そういえば...)
#テクスト#	#匿名性の目的から変更した名前#
...	省略："テクストの抜粋...残りのテクストの抜粋"

(…)	1秒未満の休止
(.2), (.3), など	( ) 内の数字の秒数続く休止
文字＝文字	引き延ばされた発生（たとえば、と＝ても退屈）
^単語	他の発話よりも大きく発音された単語
～単語	他の発話よりも静かに発音された単語
/文	他の発話よりも大きく発音された文、あるいは徐々に大きくなった文
\文	他の発話よりも小さく発音された文、あるいは徐々に小さくなった文
<F テクスト F>	強く発音された一節（フォルテ、すなわち強く）
<P テクスト P>	弱く発音された一節（ピアノ、弱く）
<CR テクスト CR>	だんだんと大きくなるように発音された一節（クレッシェンド、つまり徐々に大きく）
<HI テクスト HI>	意図的な声の高さの上昇（高い音程、だいたいは誰かの声音を真似ている）
<LO テクスト LO>	意図的な声の高さの下降（低い音程、だいたいは誰かの声音を真似ている）
<A テクスト A>	早い口調（アレグロ）
<L テクスト L>	ゆっくりした口調（レント）
<WH テクスト WH>	ささやき

訳者あとがき

本書は、Kontopodis, M. (2012). *Neoliberalism, Pedagogy and Human Development: Exploring Time, Mediation and Collectivity in Contemporary Schools*. London and New York: Routledge. の邦訳である。翻訳にあたっては、2014年に出版されたペーパーバック版および邦訳のために著者によって加筆修正された原稿を底本とした。ペーパーバック版から大幅に変更のあった箇所については訳注として、その旨を言及している。

原著者の略歴

原書の執筆者であるミカリス・コントポディス教授は、2007年にベルリン自由大学にて博士号を取得後、アムステルダム大学、ローハンプトン・ロンドン大学、シェフィールド大学において教育・研究に携わり、現在は、リーズ大学にて教授を務めている。また、上記の経歴以外に、ニューヨーク市立大学をはじめ様々な国の研究機関に研究員として招聘された経歴を持つ。

コントポディス氏は、児童心理学、批判教育学、文化人類学を研究背景とし、若者の日常生活へのエスノグラフィー調査を中心に研究を行っている。本書のテーマとなっているグローバル状況下における教育とコミュニティの在り方に関する研究のほかに、デジタルメディアを介したオンライン／オフラインにおける交流に関する研究や、都市部と郊外における経済的・文化的差異に関する研究も行っている。博士課程在籍中からの研究をまとめた原書をはじめ多数の書籍・論文を精力的に出版しており、2016年には *European Journal of Psychology of Education* 誌にて、特集号「社会物質的秩序の絡み合いとしての教育状況 (Educational settings as interwoven socio-material orderings)」の編集者のひとりを務めるなど、近年の発達・学習研究を国際的にリードする研究者のひとりである。

本書の概要

　本書は、発達と学習の社会文化的状況に注目するヴィゴツキアン・アプローチに依拠しながら、グローバル化が進展する現代社会において、貧困や低賃金労働など周縁に追いやられる若者たちの直面する困難と発達を描き出したものである。本書独自の視点として、現代社会において人間を管理する新しい権力である「新自由主義的な権力」に注目した議論が展開されている。これは、経済的格差、人種差別、低賃金労働、教育格差といった社会的・経済的・政治的に対応すべき危機についても、個人的なリスク管理による対処を人々に要請する権力である。本書は、この権力が子ども・若者の将来展望や職業選択をいかに方向づけるのか、そしてそれがもたらす困難に対していかに抵抗できるのかについて、具体的な教育実践の事例をもとに議論している。

　本書の前半（第1章、第2章、幕間）では、ドイツの実験的中等学校へのエスノグラフィーを通して、移民や素行不良の生徒たちが新自由主義的な権力に適応し、不安定で安価な労働力として労働市場に参入していくプロセスを詳述している。第1章では、元非行少年であるフェリックスを事例に、彼がこれまでの非行行為や学校での失敗を個人的に省察すべきものとして受け入れるように方向づける教育的指導や学校制度を描く。第2章では、トルコ系移民の女生徒ギュルテンを事例に、将来の進路を選ぶチャンスは「今しかない」として「専業主婦か美容師のどちらか」という将来の選択肢を限定する言説に注目し、彼女がそれに適応するプロセスが描かれる。いずれの事例も労働市場への適応に至るプロセスであるが、実習やカウンセリングをはじめとする学校の年間行事、個人の心理的な適応度を測定するアンケート、先進的教育を受けた教職員による指導、「今しかない」と進路選択を迫る言説など、この新自由主義的教育を成立させる様々な人・モノ・制度の配置から顕現するものとしてそのようなプロセスが描かれている。つまり、一見すると生徒たちは"自発的に"選択し、労働市場へ参入しているようであるが、そこには選択肢を限定しながら、私たちの生を巧妙に管理する新自由主義的な権力が潜んでいる。そして、この教育実践は、様々な問題を抱える生徒の労働市場への包摂に寄与しているように見えるが、これに適応することで限定的な選択を強いる社会全体は変わらないという理解をより強固なものにしてしまう。また、仮に就職がうまくいったとしても、移民の失業率が高い労働状況や生徒たちの卒業資格ではより高度な教育を受けることができない制度設計からすれば、生徒たちの生活状況は不安定なままであり、就職は問題の先延ばしに過ぎ

ない。

　続く幕間では、フェリックスやギュルテンのような"うまくいった"生徒以外の"失敗した"生徒の事例に触れながら、この新自由主義的教育の隘路がさらに浮き彫りにされる。この学校での教育に希望を見出せない生徒たちが、授業を欠席し、問題行動を起こし、就職にも関わるインターンシップを拒否し、最終的に退学に至る様子が描かれる。そしてこの退学までのプロセスは、既存の社会へ適応できない生徒の個人的な失敗として記録される。このように、"うまくいく"にせよ、"失敗する"にせよ、この実験的中等学校では、生徒たちは既存の社会状況に個人的に適応するだけの存在としてみなされており、生徒たち自身が現状を変えうる存在とはみなされていない。本書の前半では、以上のような既存の社会状況に規定された限られた可能性のいずれかを現実にするしかない「可能的発達」を中心に議論される。

　これに対して、第3章と第4章を通して、新自由主義的教育に対抗する「潜勢的発達」を引き出す教育実践が描かれる。この潜勢的発達は、自身が経験した過去や社会全体の歴史の集合的な再編成により選択肢を規定する枠組み自体を作り替えるプロセスであり、それは、社会の周縁におかれた子ども・若者たちも含めた集合的な営みとして行われる。

　第3章では、多くの生徒が暴力や人種差別によって教育困難な状態にある、ウッドロウ・ウィルソン高校で行なわれたリテラシー教育プロジェクト「フリーダムライターズ」が取り上げられる。書籍化・映画化もされたこのプロジェクトを事例に、人種的マイノリティの生徒たちが抑圧された経験に関して日記を書いて共有することや『アンネの日記』をはじめとする人種差別を取り扱った著名な作品を自身の抑圧された経験に結びつけて読むことを通して、自分たちがこれまで経験してきた差別や暴力を歴史や社会全体と結び付けながら省察するプロセスが描かれる。これは個人的なドラマを幅広い歴史的な出来事の一部としてメタ的に省察することであり、第1章のフェリックスがこれまでの失敗を個人的なものとして反省する事例とは対照的なメタ省察の実践として紹介される。そして、このメタ省察は、マイノリティの生徒に与えられた条件に規定された「妊娠して、貧民街に住む」という可能性とは異なる、「教師になり、社会変革に貢献する」といった質的に全く新しい選択肢（＝発展性）を生み出すとされる。

　第4章で取り上げられる「大地の教育学」は、大規模農園で雇われる土地なし農民の子どもたちが土地なし農民への抑圧と権利運動の歴史を自身の日常生活と結びつけながら学ぶ教育実践である。これは教育の改善や生活の向上を農民たち

が要求する社会運動である「土地なし農民運動」と密接に関連したものであった。このため学校内の変化のみならず、土地なし農民たちの生活の根幹をなす農業の在り方と高等教育制度を取り巻く社会全体の転換が引き起こされ、安価な労働力として搾取される選択肢を規定する枠組み（ここで言う農業の在り方と高等教育制度）の転換プロセスが描かれている。加えて、この教育実践の重要性は過去や未来を「集合的になすこと（collective doing）」が生じていた点にあるとされる。「大地の教育学」では、子どもたちは抑圧や運動を経験した近隣に住む農民たちから困窮する生活の具体的な様子やそこから抜け出るために連帯した過去を学ぶ。この学びを通して、抑圧された過去は未来を担う子どもたちと結びつき、再定義される。そして、子どもも含めた農民たちが形作る未来もまた過去の延長線上にあるものではなく、予測不能で開かれたものとなっていく。

　以上のように本書では新自由主義という視座から3つの教育実践を眺め、「可能的発達」と「潜勢的発達」という2つの発達プロセスを対比させながら議論を展開している。すなわち、新自由主義社会へ適応しながら最善の選択肢を取るために自分自身のスキル・能力や生活態度を変える可能的発達と、現状の社会全体を組み替える運動や教育プロジェクトといった集合的営みの中で、選択肢を制約する枠組み自体を作り替える潜勢的発達を提案する。

本書の意義

　これまで述べてきたように本書は新自由主義的な権力に注目し、若者の困難と発達を描きながら、この権力に対する警鐘と対抗を試みている。教育の費用対効果や自己責任論を強調する新自由主義に基づく教育施策への警鐘は近年多く行われている（例えば、神代, 2020；鈴木, 2016など）。また、新自由主義を背景とする雇用の流動化は、大人たちの労働状況を劣悪にし、子どもの生活を困窮させるという困難もはらんでいる。この様子は、英国の映画監督ケン・ローチの映画『家族を想うとき』の中で淡々と、しかしながら鮮烈に、描かれている。本書が取り扱う問題は、このような我が国をはじめとする先進諸国で急激に広がった経済的格差や教育格差に共鳴している。本書は、これらのアクチュアルな課題に我が国の心理学や教育学といった学術分野がいかに応答すべきなのかを問うものであり、その突破口を考える1つの手がかりが、本書で提案される「可能的発達」と「潜勢的発達」という2つの発達プロセスであるといえる。つまり、既存の社会適応のためにスキルをいかに効率よく獲得させるかではなく、私たちの生きる

社会全体を集合的に作り替える教育実践とはいかなるものか、そのための環境を
いかにみんなでつくることができるのかについて、本書をもとに今後議論するこ
とが求められる。

　という本書の前向きな意義とともに、訳者として私（北本）が覚えた痛烈な共
感と葛藤についても触れておこう。少しばかりの自分語りをお許し願いたい。私
は本書をドイツの実験的中等学校で教鞭をとるウォルフガングに感情移入し、教
員の視点から読んだ。それは、保育者養成校である現所属に教員として赴任し、
教育に携わる中で、様々な困難を持つ学生とも関わるようになったためである。
保育者養成校で目にする光景は本書の前半で扱われた事例と重なる部分が多くあ
るように見え、それゆえに個人的なスキル獲得や規律訓練によって若者たちを就
職市場へと参入させることがはらむ問題について痛いほど共感してしまう。実際
に、本書の事例に類似するような、学校から脱落する学生が個人的素質に問題を
抱える個人として扱われてしまう様子を目の当たりにし、うまく就職した後も周
囲との関係から精神的な不調に苦しむ卒業生の話を耳にしたこともあった。もち
ろん、保育者という職業はエッセンシャル・ワーカーであり、それを養成すると
いう業務は社会的に重要なものである。そして、その養成課程が積極的に悪をな
しているとは言えない。しかしながら、その実践は私からは一定数の学生を社会
の周縁に追いやっているように見えてしまい、私はそれに自身が適応していくこ
と（せざるを得ないこと）を心苦しく感じている。

　重要なのは、私自身は（おそらくウォルフガング先生も）、現在の勤務先におい
て少なくとも学生に対して害をなそうと教育には当たっていないことである。そ
して私の勤務先でもドイツの実験的中等学校でも（あるいは多くの教育機関にお
いても）、害意をもって学生や生徒に接しようという教職員はいないだろう。し
かしながら、本書が指摘する通り、それぞれの行いが、全体の配置として組み合
わさることで、一定数の抑圧や排除を生んでいることもまた確かであろう。言い
換えれば、悪意のない個々の総体として悪い現状が形づくられている。このこと
を見事に描き、読者に気づかせてくれる点が本書の卓抜した点であると言える。
この個別の悪意のなさこそが、新自由主義がもたらす本質的な困難である。そし
て、その外部に立ってイノセントに批判できる人間はいない。

　本書は、悪意のない個々の総体の一部として、諦め、適応して生き延びるだけ
ではなく、私たちがその全体の配置を変えることもできるというメッセージも伝
えてくれる。そして、それは、既定路線を進むことでは達成できない。先の見え
ない暗闇の荒野を切り開き、予測不能な未来に向かって進むべき道を作っていく

ことが必要である。

　本書の翻訳にあたって、様々な人の手助けがありました。最後になりましたが、ここに感謝を述べます。特に、本書の翻訳と出版のきっかけを作ってくださった茂呂雄二先生、研究会の中で翻訳稿の検討を行った社会物質性研究会にご参加いただいた皆さん、原稿の細やかなチェックを行っていただいた塩浦暲氏はじめ新曜社の方々に深くお礼申し上げます。

2023年1月

訳者を代表して　北本遼太

引用文献

神代健彦(2020). 『「生存競争」教育への反抗』集英社新書.

鈴木大祐(2016). 『崩壊するアメリカの公教育 ── 日本への警告』岩波書店.

注

序章　未来を見つめて

[1] この女性の匿名性を保護するため、このvlog のウェブリンクとYou Tube チャンネルの詳細は述べない。この動画はもともと、2017年から2019年の間に投稿された。

[2] 詳細は、Kontopodis, 2016 参照。

[3] **倫理的ー政治的**という表現は、スピノザ（Spinoza, 1677/1994）、ニーチェ（Nietzsche, 1895/1990）、ドゥルーズとガタリ（Deleuze & Guattari, 1991/1994）、そしてブライドッティ（Braidotti, 2006）につながる哲学の流れの中にある。ここでは、いくつかの重要な文献にのみ言及している。

[4] ナショナリズム、外国人排斥、グローバリゼーション、民主主義については、Deickmann, Wulf, & Wimme, 1997; Wulf, Triki, & Poulain, 2009; Wulf & Weigand, 2011 参照。

[5] より理論的な研究が、近年この方向で行われている。Bock, Goncalves, & Furtado, 2002; Daniels, 2008; Kontopodis, Wulf, & Fichtner, 2009; Lee, 2001; McLaren, Macrine, & Hill, 2010; Sndlin & McLaren, 2009; van Oers, Elbers, Wardkker, & van der Veer, 2008; Wulf, 2007. グローバルな教育政策、課題、可能性についての詳細な議論は、以下を参照。Farrell & Fenwick, 2007; Fleer, Hedegaard, & Tudge, 2009; Wulf, 2006; Wulf & Merkel, 2002; Zajda & Geo-JaJa, 2010.

[6] この方向性についての最も重要な研究のいくつかを挙げる。Bernstein, 1977; Hall & Jefferson, 1976; Walkerdine, 1998; Walkerdine, Lucey, & Melody, 2001.

[7] 最近のブラジルの経済発展において社会や教育に生じた矛盾への洞察については、Kontopodis, Coracini, Janer, & Magalhães, 2016 参照。

[8] この意味において、本書の研究は若者発達と職業教育への多くのアプローチ（Billett, 2008; Burunett, 2008; Reinmann, 2006）とはまったく異なるものである。また、システムの均衡というかたちで時間における行為を扱う、ルーマン（Luhmann, 1987, 1990）のシステム・アプローチをはじめとする、政治的疑問を提示しない時間へのアプローチのしかたとも異なっている。

[9] ブラジルの「土地なし農民」コミュニティにおける私の研究は、エスピリトサント連邦大学のエリニュ・フェルステ、ゲルダ・M・シュッツーフェルステ、および同僚らによって始められた農村教育へのより広範で長期の研究プロジェクトの一部だった。このグループの主な業績は、Foerste, 2004; Foerste, Foerste-Schütz, & Duarte-Schneider, 2008; Monteiro Barreto Camargo, Kerschr Pedrosa Bento, & Schütz-Foerste, 2010; Schütz-Foerste, Sabino de Macedo, de Souza Chiste, & Tellis-Gonçalves, 2010 などである。

[10] ドイツでは最近まで、すべての子どもは、それぞれの州の規定にもとづいて、4、5、6、7年生まで小学校に在籍していた。それ以降は、小学校の学業成績にもとづいて、基幹学校（ハウプトシューレ）、実科学校（レアルシューレ）、ギムナジウムの三つの進路のうち

一つを選択できるようになった。これは、まさにここで言う区別であり、隔離と見ることができる。基幹学校に行った生徒はしばしば同じような民族的背景と学校での経歴を持ち、その後それらの生徒は、ドイツのシステム内では、より高度な技術あるいは大学教育を追い求めることはできない。基幹学校の生徒は9年生あるいは10年生で卒業し、実科学校の生徒は10年生で卒業する。基幹学校と実科学校の卒業生は共同プログラム（仕事と学校）を始めるか、あるいはさまざまな専門職大学（ファッハホーホシューレ）に参加するかである。その一方で、ギムナジウムの生徒は2年間あるいは3年間ギムナジウムに在籍したのち、すぐに、総合大学、あるいは単科大学に出願できるアビトゥーアレベルの学位を授与される。近年、このシステムはいくつかの州で改革が行われたが、システムが根本的に改善されたか、同じ構造が新たな名前とラベルのもとに維持されているのかはまだ明らかでない。たとえば、別の種類の学校として包括的な学校（ゲザムトシューレ）（学年は5年生から9年生または10年生）があるが、従来の学校進路と統合あるいは協調するかたちで存在している。包括的な学校の生徒は、9年生あるいは10年生のときに基幹学校の卒業と同等の資格が得られ、10年生のときに実科学校の卒業資格、あるいはギムナジウムへの入学資格が得られ、異なる進路間の移動が可能となる。

［訳注1］この節は、日本語版のために著者によって大幅に改定された。

［訳注2］本書では、socialとsocietalをそれぞれ使い分けている。その使い分けを表現するためにsocialを「社会的」、societalを「社会全体の」あるいは「社会全体的」とそれぞれ訳している。

［訳注3］「語義」については、第1章の［訳注1］参照。

第1章　学習、発達と自己のテクノロジー
―― ドイツの実験的中等学校における危機的状況と周縁化への対処

[1] **媒介装置**の概念については、Holland & Valsiner, 1988 参照。

[2] コーディングと文字起こしについては、付録参照。

[3] 本書のすべての名前は変更されており、仮名は教師と生徒の民族および性別を示すものを用いている。フェリックスはドイツの民族性を表すもので、彼の学校の生徒の大半は、しばしばアルコール依存や非雇用の影響を受けている問題のある家庭のドイツ人生徒か、あるいは典型的に移民の背景を持っている。生徒の選抜プロセスの結果、男女比はほぼ同率であり、ドイツ国籍と外国籍（主にトルコ系）のバランスも同じである。

[4] アチリス・デラリ・ジュニアとイウリア・ボドロヴァ‐パソス（残念ながら彼らの研究はポルトガル語でしか読めない）は、ヴィゴツキー全集の詳細な読解と評論をしたのちに、ヴィゴツキー理論の中心的な概念としてのペリシヴァーニエ（perezhevanie）の考察を行っている（Delari & Bobrova-Passos, 2010）。デラリ・ジュニアは、ヴィゴツキーの初期と後期における他のすべての概念との関連の中でペリシヴァーニエのさまざまな意味と使用を追った。彼の読解はアンドレイ・ピュズレイ（Puzyrei, 2007）、フョードル・ヴァシリク（Vasiliuk, 1992）、ニコライ・ベレソフ（Veresov, 1999）のあまり知られていないヴィゴツキー解釈と関連している。ペリシヴァーニエは経験、経験すること、生活全体、ある

いは情動に彩られた経験と訳されるが、あまり言及されていないヴィゴツキーの主要な概念の一つである。ペリシヴァーニエを強調することで、ヴィゴツキーは、人間の発達を、危機を内包し、それらの危機を解決するための多くの労力と努力を必要とする、非線形のプロセスとして概念化するに至った。

[5] すべての詳細な書類と関連書類は、学校のウェブページから入手した。

[6] どのように生徒たちが学校において時間を過ごすかについては、Kontopodis & Pourkos, 2006 参照。また、一般的な社会学的分析については、Willis, 1981 の古典的な研究を参照。また本書で行った分析については、序章の注［5］と［6］を参照。

[7] 基幹学校はドイツにおける中等学校の最も低いタイプである。多くの事例において、周縁化された社会と文化の環境から来た生徒はこの種類の学校で過ごし、高等教育を含むギムナジウム、総合学校、あるいは実科学校に行くような他のすべての生徒とは区別される。より詳細については、本書の序章の注［10］参照。

[8] この学校では、生徒と教師はお互いにファーストネームで呼びあっており、著者も同じように呼びあった。ここでは著者が彼らを呼ぶとき、そして彼らが著者を呼ぶときと同じように記述している。

[9] ドイツにおける学校システムに関するこの幅広い危機の数少ない例外となる学校プロジェクトの一つは、ビーレフェルト職業学校と呼ばれるものである。それは、1974年からビーレフェルト大学との緊密な連携の下、まったく異なった指針にもとづいて組織されたものである（Thurn & Tillmann, 2005 参照）。

[10] 自己のテクノロジーについての身体的・物質的な側面に関する詳細な調査については、Kontopodis & Niewöhner, 2005 参照。

[11] ヴィゴツキーが定義したように、「各年齢時期の初めに子どもと周囲の現実、とりわけ社会的現実との間に、その年齢に固有のまったく独自な、特別の唯一無二の関係が形成されていることを認めねばならない。この関係を私たちは**発達の社会的状況**と名づける。発達の社会的状況は、その時期の発達におけるすべてのダイナミックな変化の最初のモメントとなるものである。それは、子どもが人格の新しい特質を、発達の基本的源泉としての社会的現実からくみ取りながら獲得する道筋や形態、社会的なものが個人的なものになる道筋を完全に決定するものである」（Vygotsky, 1930-1934/1998, p.198; Bozhovich, 1965/2009 も参照）[訳注3]。

[12] この**ダブルバインド**という概念の詳細については、本書の「幕間」を参照。

[13] ドゥルーズの論文も参照（この論文は、フランス語では *L'antre journal* 紙に1990年に発表された。英語では1992年10月に発表された）。「実際、企業が工場に置き換わると同時に永続的な訓練が学校に取って代わり、継続的な管理は学校の試験に取って代わる。学校が企業に道を譲る最も確実な方法によって...家族・学校・軍隊・工場はもはや、国家権力や私的な権力などの主人に向かって収束するような、それぞれで確立された類似の空間ではなく、ただ株主がいるだけの可変的で移動可能な単一企業の象徴としてコード化されている」（Deleuze, 1992, pp.3-4）。

[訳注1] meaning と sense の訳については、「幕間」の注3をもとに、ヴィゴツキーに関連する文脈では meaning を「語義」、sense を「意味」と訳し分けた。

第2章　「今しかない」
── 学校から仕事への移行のための発達的時間性

[1] 本書で提示されているすべての抜粋について、ドイツ語のもともとのスペルと形式が保
　　持されている。
[2] 教室での活動の時間性について言及したものとして、Chevallard, 1986; Chevallard &
　　Mercier, 1987 も参照。学校と教育における時間性のより広い観点については、Bilstein,
　　Miller-Kipp, & Wulf, 1999 を参照。
[3] これら施設のドイツ語名は、Obershule, Berufsschule, Modulare Qualifizierungs-
　　maßnahme, Berufsvofbereitende Qualifizierungsbausteine, Berufs-qualifizierende
　　Lehrgang である。これらすべての名前は専門的な資格を示しており、期間、その後の機
　　会、給与、授業への出席者の数、自由市場経済そして／または政府機関との連携の度合い
　　の点で異なっている。

幕間

[1] Foucault, Martin, Gutman, & Hutton, 1988, p.9 のインタビューからの抜粋。
[2] もちろん、主体はこのプロセスによって形成されると同時に、このプロセスの一部を成
　　している。しかし原動力は能動的な主体性であり、ある種の外的な刺激や動機、あるいは
　　要因ではない。より詳細は、Holzkamp, 1995; Kontopodis, Wulf, & Fichtner, 2011a 参照。
[3] ヴィゴツキーの**意味**（sense）の概念によって、学校制度の立場とは異なる生徒の立場
　　からの理解が可能になる。ヴィゴツキーは**語義**（meaning：対人間のコミュニケーションに
　　おいて自分を理解させることのような、何かを示す能動的なプロセス）と、**個人的な意味生
　　成**（それらの語義を自分にとって意味を成すように、内化あるいは内面化する変形プロセス）
　　を区別している。この区別は、クライエント中心アプローチにとって中心的なものである
　　（Bock & Gunçalves, 2009; Hedegaard, 2001; Kontopodis & Newnham, 2011 参照）。
[4] この概念の社会的－政治的な分析については、Deleuze & Guattari, 1980/1987 参照。
　　教育的－心理学的な応用については、Engeström, 1987；Fichtner, 1996 参照。

第3章　フリーダムライターズ、カリフォルニア1994 〜 1998
── メタ省察が学校における学習と発達のためのラディカルに新しい
　　発展性をつくり出すとき

[1] Stephenson & Papadopoulos, 2006, p.xix.
[2] この章で示す抜粋はすべて、フリーダムライターズとエリン・グルーウェルによ

る『フリーダムライターズ（*The Freedom Writers Diary*）』（Copyright (C) 1999 by The Tolerance Education Foundation）からの抜粋である。ランダムハウスの一部門であるダブルデイの許可にもとづいて使用した[訳注3]。

[3] 日記の異なるカテゴリーについての詳細な言語学的分析は、Surd-Büchele, 2011 参照。主体的、対話的、心理学的な側面に関して、**生成**として日記を書くことについての分析は、Cabillas, 2009 参照。

[4] フリーダムライターズ・プロジェクトはすぐに非常に有名になり、リチャード・ラグラヴェネーズ（LaGravenese, 2006）によるヒラリー・スワンク主演の商業映画の製作にまでつながった。フリーダムライターズのアプローチ、特にこの映画において示されたようなアプローチは、ヒーローとしての教師というロマンティックな理解を増殖させるという理由で批判されている。ヒーローとしての教師は、社会と教育の幅広い欠点を克服するために、彼女、あるいは彼の私生活を犠牲にしなければならないのだが、それらの欠点は国家機関が責任を負うものである（Chhuon & Carranza, 2008）。しかし、もしもヒーロー中心的な観点からでなく——以下において私が試みるように——その他の観点との組み合わせにおいて分析されるならば、この本はより豊かな情報源として受け止められることになるだろう。

[5] スピノザ、ニーチェ、そしてドゥルーズの間のつながりをたどることによって、ヴィゴツキーを発展させることで、権力関係から自由になりたいという人びとのこの共通の願いがあらゆる発達の基礎であり、まさに危機的な状況を解決しようとするときに人びとが共有するものであると、ここで言えるかもしれない。20世紀後半のフランス哲学において大いに練り上げられてきた「願い」という概念は（Butler, 1987 参照）、ヴィゴツキーにおいて中心的なものである。ドゥルーズの考えにもとづくより幅広い心理学的な説明については、Brown & Stenner, 2009 参照。

[6] 異なる存在物を集めることで、媒介装置（すなわち、ジョーカー）は時としてコミュニケーションにおけるエージェントになり、また意外な差異を引き起こすプロセスを導く。ブラウンの解説を用いるならば、「ジョーカーは、予測できないという意味において『ワイルド』である——私たちは、それらが実行されたときに起こることを知らない」（Brown, 2002, p.20）。

[7] 映画は、トマス・キニーリー（Keneally, 1982）による歴史小説『シンドラーの箱舟（*Schindler's Ark*）』にもとづく。この映画は、オスカー・シンドラーについて描いているが、彼はホロコーストの間に千人以上のポーランドのユダヤ人難民の命を、彼の工場への雇用によって救ったドイツ人実業家である。

[8] アンネ・フランクのように、ズラータ・フィリポビッチはわずか11歳のときに、しばしば少しも日の光を見ることのないアパートの部屋の中で過ごし、絶えず続く爆撃の中を生き延びた——深刻な食糧と水の不足は、言うまでもない。Filipović, 1994 参照。

[9] 詳細については、http://www.freedomwritersfoundation.org/about/#ourstory を確認してほしい（アップデートされたアクセス日：2022年4月30日）[訳注4]。

[10] フリーダムライターズのアプローチ、特に映画において示されたようなアプローチは、それがヒーローとしての教師についてのロマンティックな理解を増殖させるという理由で批判されている。ヒーローとしての教師は、社会と教育の幅広い欠点を克服するために、

彼女、あるいは彼の私生活を犠牲にしなければならないのだが、それらの欠点は国家機関が責任を負うものである（Chhuon & Carranza, 2008）。映画の批判的な分析については、Harris, Fisher, & Jarvis, 2008, pp.36-381 参照。しかし、もしも教師中心的な観点から分析がなされるのでないならば、この本はより豊かな情報源として受け止められることになるだろう。私はここで、本ないし映画を評価するのではなく、フリーダムライターズ・プロジェクトのいくつかの側面を選んで、それらを教育心理学の観点から分析することを目指している。

[11] ここで再び私たちは、心理学、教育、人間発達を革命しようとするヴィゴツキーのプロジェクトの全体にとって、芸術がどれほど重要であったかを思い出すことができる。

[12] 抜粋文の情報源へのアップデートされたリンクは以下である。http://www.freedomwritersfoundation.org/media/pdf/FW+Bio.pdf [訳注5]

[13] 日記は、匿名で書かれた。書き手は匿名のままではあったが、教師がそれらをブラック・ボックスの中から取り出し、生徒たちは順番に互いのエントリーを編集するだけでなく、声に出して読んだ。教師であるグルーウェルは、「私はいつも彼らの物語を［英語を］教えるために使った」と言っている。「私たちは声に出して読み、声に出して編集した。私は日記から何かしらを選んで、それをT・C・ボイル、エイミ・タン、あるいはギャリー・ソトの物語と比べることができた。私たちはその作品を並べて見て、テーマを並置したり、あるいは文学手法を比較したりすることができた。それは、本物の教育方法である」（Anonymous, 2002）。

[14] 文化的－歴史的理論における感情についての最近の議論だけでなく、心理学における心理社会的な研究の新たな分野についても参照（Blackman, Cromby, Hook, Papadopoulos, & Walkerdine, 2008; Brown & Stenner, 2009; Roth, 2007a, 2008; Venn, 2009）。

[15] 香川秀太と茂呂雄二は、スピノザの哲学とヴィゴツキーの心理学にもとづく似たフレームワークの中で「個人が自分自身を維持し、行動するための力を［協働して］高めようとする」手段に言及するために、**政治的－感情的なプロセス**という用語を使用している（Kagawa & Moro, 2009, p.7）。

[16] ヴィゴツキーのアイデアとフーコーのアイデアの関係についての省察は、Kontopodis, 2011d 参照。

[17] 私は、この抜粋に注意を向けさせてくれた、アンナ・ステツェンコに非常に感謝している。

[訳注1] 翻訳にあたって、フーコー, M.／渡辺一民・佐々木明訳 (2020)『〈新装版〉言葉と物：人文科学の考古学』新潮社. を参考にした。

[訳注2] 同上。

[訳注3] 抜粋1（抜粋1の続き）、抜粋2、抜粋3（抜粋3の続き）の翻訳は、ここで言及されている文献の日本語版、フリーダムライターズ with グルーウェル, E.／田中奈津子訳 (2007)『フリーダム・ライターズ』講談社. を参考にした。

[訳注4] 日本語版への翻訳にあたって、原著者によって修正された。

[訳注5] 日本語版への翻訳にあたって、原著者によって修正された。

第4章　集合的な過去と未来をなす
—— ブラジル、エスピリトサント州の土地なし農民運動における「大地の教育学」

[1] この分析は、ショート・フィルムとオンライン・マルチメディア・プレゼンテーションを一緒に用いて行われる。Kontopodis, 2011c 参照。

[2] 私は、ヨーロッパから訪れた興味深い研究仲間であったため、すぐに土地なし運動についての著作があるほとんどの学者や独立研究者と知り合えた。主な方々を挙げると、エスピリトサント連邦大学のエリニュ・フェルステとゲルダ・M・スキイツ・フェルステ、リオ・グランデ・ド・スール連邦大学のヨハネス・ドール、イザベラ・カミニ（土地なし農民運動の元研究員）である。私は、これらの研究仲間を通じて教師や他のさまざまな土地なし農民と知り合うことができた。彼らは私とすぐに親しくなり、私の心からの関心と連帯を歓迎し、彼らのコミュニティで私をもてなした。

[3] ここで言及する価値があるのは、上記の活動が起こった地域をある地主が以前所有していたということである。反乱を起こした貧しい人びとは、土地なし農民運動の最初の段階で、彼をその地域から追い出した。地主の家 —— 当時その地域にあった唯一の建物 —— は学校となり、土地なし —— かつ、家なし —— 農民たちは、依然として、黒いナイロン（防水シート）で作ったテントで寝ていた。

[4] 過去と未来をなすこととアイデンティティをなすことの相互関係について、詳しくは Kontopodis & Matera, 2010, *Outlines: Critical Practice Studies* の特集号を参照。

[5] 土地なし農民運動の執行部は、運動独自の新聞、雑誌、ウェブページ、CD、映画を制作している。詳細は、Arenhart, 2006, p.63; Associacao Nacional de Cooperacao Agricola, 2002, pp.22-23 参照。

[6] ローゼリ・カルダートは、土地なし運動の主要な知識人の一人である。彼女はこの運動を当初から支持しており、中流階級の都市生活に恵まれていたにもかかわらず、学者としての仕事を続けながら、土地なし農民になることを選んだ。

[7] そのような規則としては、お酒を飲まないことや、特定の場所でしか排便しないことがあった。野営地での生活や教育についての詳細は、Camini, 2009; da Silva, 2008 参照。

[8] アグロエコロジーは、中世の南ヨーロッパの家庭内農業生産様式を彷彿とさせると言う者もいるが、生態的、政治的－経済的、フェミニスト的言説の文脈で再定義されている。その文脈とはすなわち、地球と地方生活のための公的宣言である「地球憲章（Carta de Terra）」（Iniciativa da Carta da Terra Brasil, 2000, p. III.9）による、貧困を根絶することが、倫理的、社会的、環境的な義務であるというものである。農産物の販売価格は低いことが多いため、土地なし農民は常に現金で必要なものをまかなうことができるわけではない —— 国の基金に依存しているという事実がある（Kontopodis, 2011a 参照）。

[9] この最初の運動は、**田舎教育**（educação rural）とは対照的な、現在では**地方教育**（educação do campo）と呼ばれているものの草分けである。地方教育とは、学校と教育制度の異種混交性を含み込み、それを尊重する広義の用語であり、大規模なアグリビジネスでは保証されないことの多い社会正義を重視するという、ブラジルの地方で非常に異なるかたちで組織されているものである。たとえば、連邦農業技術学校、市町村農業

生態学教育学校、農業生態学教育センター、中央または地元で運営されている代替教育学校（Escolas Familias）、共産主義的農民学校、先住民族の学校、キロンボラ（元黒人奴隷）の学校、ポメランの学校、漁師の学校、天然ゴム、抽出、カカオ農園で働く人びとのためのさまざまな学校、統合州の地方教育センター、土地なし農民定住地学校などがある（Foerste & Schütz-Foerste, 2011 参照）。この運動の一般原則については、Iniciativa da Carta da Terra Brasil, 2000 参照。

[10] ヴィゴツキーにおけるカテゴリーの概念については、Veresov, 2004 参照。

[11] この観点から見ると、この用語 virtual は、仮想という概念が広く普及しているサイバースペースや情報技術とはほとんど関係がない。むしろ、この用語は二つの基本的な問い――存在と時間、存在論と時間性――と関係し、これら両方の哲学的領域を潜勢性という概念の観点から再定義する試みと関係している。したがって、私は、この用語の一般的な理解から決定的な距離を置き、ここでは、ドゥルーズとガタリ（Deleuze & Guattari, 1980/1987, Ansell-Pearson, 2002, p.72; Bergson, 1896/1991 参照）の哲学の観点から、無限に起こりうる社会的関係の顕在化としての人間発達に言及するために、潜勢性という概念を用いている。

[12] 地方教育から都市教育への運動とその逆の運動は自明ではないが、ここで私が紹介しようとしている原則は同じであり、たとえばポルトガルのエスコーラ・ダ・ポンテ（Escola da Ponte）のように、都市部の空間でも同様の例を考えることができる。http://www.escoladaponte.com.pt/（アクセス日: 2011年11月14日）参照。ブラジルの都市部のそのほかのプロジェクトに関しては、Kontopodis, 2009d 参照。

[13] この目的のため、今のところ世界で約2億人の小自作農を代表する**ラ・ビア・カンペシーナ**（La Via Campesina）と呼ばれるグローバルな動きが組織されている。

[訳注1] 原著ではthree major events と記載されている。著者に問い合わせたところ、two major events の誤植であったため、修正したうえで翻訳した。

[訳注2] 翻訳にあたって、ネグリ, A. & ハート, M./水嶋一憲・酒井隆史・浜邦彦・吉田俊実訳 (2003)『＜帝国＞：グルーバル化の世界秩序とマルチチュードの可能性』p.448. を参考にした。

エピローグに代えて
――学習のダイナミクスと生成としての発達

[1] ヴィゴツキーとラトゥールのアプローチの相違点と類似点に関する幅広い議論については、Fox, 2000 や Miettinen, 1999 参照。ピアジェの時間の概念に関する詳細な批評については、Gell, 1992 参照。

[2] 進化論とそれが含意する時間に対する理解のオルタナティブが、進化論が現れて以来今日まで提案されてきた（Baldwin, 1896, 1897; Ingold, 1986; Peirce, 1958; Sonigo & Stengers, 2003 参照）。物理学では、アインシュタインの相対性理論（Einstein, 1905）が独立して外部にある変数（t）としての時間の存在を批判し、また量子論が可逆的な時間の概念を物理学に再導入した（Barad, 2007; Bohr, 1928/1983; Heisenberg, 1927）。哲学では、不可逆

的な時間の概念のみならず、可逆的な時間の概念もまた鋭く批判されてきた（Bergson, 1986/1991, 1907/1998; Griffin, 2001; Sandbothe, 1998 も参照）。社会学では、ポミアン（Pomian, 1984）やギデンズ（Giddens, 1991a, 1991b）のような、より最近の時間への社会－文化的なアプローチは言うまでもなく、時間の客観的な存在が批判され、時間は社会－文化的な現象であると考えられてきた（Durkheim, 1912/1991; Halbwachs & Alexandre, 1950; Sorokin & Merton, 1937）。昨今の時間への社会－文化的アプローチに関する概説としては、Kontopodis, 2006 参照。

[3] ワグナーはヴィゴツキーと長期にわたって手紙のやりとりをしており、1928年12月2日、ヴィゴツキーは手紙で彼に宛てて次のように書いている。「私はあなたの本から、科学の最も困難な領域において心理学的に考えることを学びました。その基礎の上に立って、私や専門を同じくする他の心理学者たちは、心理学における生物学的な『世界観』に取り組んできたのです」（Vygodskaja & Lifanove, 2000, p.334. 著者によるドイツ語からの翻訳）。

[4] ヘーゲルの弁証法に対立するものとしてのプロセスの概念についての詳細は、ドゥルーズの著作『差異と反復（*Difference and Repetition*）』（Deleuze, 1968/1994）参照。

[5] もちろん、異なる解釈は自身の前提を明白な方法で目に見えるようにしなければならず、またヴィゴツキーを一方または他方の「正しい」バージョンに還元してもならない。ただし、ヴィゴツキーの解釈は、これまでのところあまり明白ではない（詳細については、Papadopoulos, 1999 参照）。ヴィゴツキーが時間やプロセスを明示的に研究したことがなかったこと、また早過ぎる死のために研究一般を十分に発展させていないことを考慮すると、ヴィゴツキーの時間の概念を理解するのはさらに困難になる。

[6] パパドプロスは、ヴィゴツキーの媒介の強調をアンチモダンの姿勢と見なしている。パパドプロスは、ヴィゴツキーの研究における主体性、媒介、文脈、そしてパフォーマティブな行動の諸概念の間の関係が持つ強い政治的な含意に焦点を当てている（Papadopoulos, 1999）。これはまた、ここでの私の焦点でもある。Roth, 2007b; Stetsenko, 2004, 2005 も参照。

[7] コントポディス（Kontopodis, 2009c）は、この「時間の組み立て」の概念を拡張して、**人間の発達の組み立て**の概念を提案している。

[8] クラヴツォヴァ（Kravtsova, 2008）は、発達の可能的領域という概念をヴィゴツキーの発達の最近接領域の延長として用いており、それゆえ、私がここで批判する時間と発達に対する空間化された理解を明確に示している。発達について述べる際の近接という考え方に含意される「距離」の概念については、Valsiner & van der Veer, 1991 も参照。

[9] ここでは、生成の概念が中心となっている（Braidotti, 2002）。この点に関して、ホワイトヘッドのプロセス哲学（Whitehead, 1929/1978）、パースの記号論（Pape, 1988; Peirce, 1958）、ベルクソンの潜在性の概念（Bergson, 1896/1991）[訳注5]、バフチンの声の概念（Bakhtin, 1981）、あるいはタルドの発明の概念、模倣の概念、そして対立の概念（Tarde, 1897/1999）もまた思い浮かぶだろう。もちろん、未知なるものに向かう発達を強調することは、自由主義的ないしは新自由主義的なフレキシビリティへの同意を意味するものではない。ここでは、フェミニスト研究者ダナ・ハラウェイによる説明が重要である。「複雑であること、異種混交であること、特定の位置を選択すること、力をみなぎらせた差異として存在していることは、自由主義的な多元主義と同じことではない。経験とは意味を

形成する過程であり、意味を具体的なかたちにしていくことである［…］。フェミニスト
が整理をつけてゆく必要がある差異の政治は、自らに内在する限りない差異のそれぞれに
対する心理主義的で自由主義的な訴えかけによってではなく、**闘争によって**具体性、異種
混交性、そしてつながりを探る経験の政治に根差していなければならない。フェミニズム
は、集合的なものである。そして、差異は政治的なものである。つまり、それは権力、説
明責任、そして希望に関わっているのである。経験は差異と同じように、矛盾しつつも必
要不可欠なつながりと関わっている」(Harraway, 1991, p.109)［訳注6］。

［10］チャイクリン (Chaiklin, 2003) が論じているように、ヴィゴツキー自身は、発達の最
近接領域の理論についていかなるアウトラインも提供していない。この事実がおそらく、
この概念に激しい論争があることを説明する。その複雑さは、次の抜粋にのみ言及するこ
とによって、しばしば減じられてしまう。「子どもは、自分の能力を超える一連の行動を、
制限の範囲内で真似ることができる。子どもは真似ることによって、一人きりのときより
も大人と一緒にいて導かれるときに、ずっとよく振る舞うことができる。また、真似るこ
とによって、理解して、独力でそうすることができるようになるのである。大人の導きと
助けとともに解決できる課題のレベルと、独力で解決される課題のレベルとの差が、発達
の最近接領域である」(Vygotsky, 1978, Hedegaard, 2005, pp.227-228 による引用)。最近ヴィ
ゴツキーに対する関心の高まりが見られ、今では彼の著作の多くが英語、ドイツ語、そし
てスペイン語に翻訳されて利用できるようになったが、ほとんどの研究者はきわめて断片
的なやり方でヴィゴツキーの考えに言及しており、ほとんどの発達の最近接領域の解釈は
単純化されたものである。そのうえ、主要な概念の翻訳にはいまだに大きな問題がある
（van der Veer & Yasnitsky, 2011 参照）。

［訳注1］翻訳にあたって、ヴィゴツキー, L. S.／柴田義松訳 (2001)『新訳版・思考と言語』
新読書社. を参考にした。
［訳注2］原文では、Etienne Wegner と表記されているがEtienne Wenger の誤り。
［訳注3］翻訳にあたって、レイヴ, J. & ウェンガー, E.／佐伯胖訳 (1993)『状況に埋め込ま
れた学習 —— 正統的周辺参加』産業図書. を参考にした。
［訳注4］翻訳にあたって、エンゲストローム, Y.／山住勝広訳 (2020)『拡張による学習 ——
発達研究への活動理論からのアプローチ 完訳増補版』新曜社. を参考にした。
［訳注5］本書では、Potentiality の訳として「可能性」を、virtuality の訳として「潜勢性」
を当てているが、ここではベルクソンの概念としてのvirtuality の訳として、日本語での
研究を参考に（神山薫（2005）「ベルクソン哲学における潜在性の観念について」一橋論
叢 134, 458-472.)、「潜在性」を当てた。
［訳注6］翻訳にあたって、ハラウェイ, D.／高橋さきの訳 (2017)『猿と女とサイボーグ ——
自然の再発明 新装版』青土社. を参考にした。

幕を閉じて

［1］世界銀行による2020年のレポート「Global Economic Prospects: Slowing Growth, Rising
Risks」(https://www.worldbank.org/en/publication/global-economic-prospects#overview)、

同様にユニセフによる2020年のレポート「A Further at Risk」（https://www.unicef.org. uk/policy/a-future-at-risk-report/）参照（アクセス日：2022年2月25日）。

［訳注1］日本語版への翻訳にあたり、原著者によって全面的に改稿された。

付録

［訳注1］邦訳にあたっては、著者とも相談の上、本文中の抜粋は日本語訳のみとし、ドイツ語またはポルトガル語の原文は巻末補遺に付した。

補遺 ── 抜粋の原語

第1章

【抜粋 1】（本文13ページ）

1. **F:** Also ich war ein Problemkind gewesen (.2) ähm (. . .) ich
2. hab meine Elternbeklaut, äh (. . .) ich hab (.2) auch
3. Drogen genommen und sonst so was, und das Leben
4. meinen Eltern zur ^Hölle gemacht.

【抜粋 2】（本文16 – 17ページ）

1. **M:** <A(Das Projekt) war auf zwei Ebenen für mich erfolgreich.
2. Wir hatten was zum Anbieten und wir ham (haben) diesen
3. #Ottos#, genau diesen #Thomasen# und die uns da
4. zum Schluss <ziemlich> ziemlich genervt haben, ^völlig den (den)
5. Wind aus 'n Segeln genommen. ^Total. Weil kein Segel mehr
6. da war.
7. **I:** Mm.
8. **M:** Wir ham (haben) gesacht (gesagt): du
9. kannst hinpusten wo du willst. /Puste mal in dein Schiff und nicht
10. in meins, ja? \Bitteschön. Und damit äh war (es) dis (das) für
11. ^mich erst mal als ^Einstieg nachdiesem ganzen Generve,
12. . . . , mach was de (du) willst,
13. **I:** Mm.
14. **M:** aber ^mach was. Streite dich
15. mit wem du willst, aber nicht mit ^mir. Is (das ist) dein Ding'. A>
16. Also, diese Verantwortungsgeschichte war für mich immer das
17. Thema

【抜粋 3】（本文17 – 18ページ）

1. **W:** Du änderst sie nicht. Und du änderst auch ´ nen (einen)
2. Borderliner nicht, dadurch dass de (du) sagst: ‚Jetzt musst
3. du aber ^wirklich kommen, sonst schmeiß ich dich raus'.
4. Dann sagt der, <HI ja natürlich komm ich jetzt **HI**> \und
5. kommt zweimal und kommt dann wieder nicht. Und du stehst
6. wieder da mit deinem Herzblu=ut
7. **I:** [Hmm]
8. **W:** [und diesem Ganzen.]

9. Statt zu sagen, weißt du: <L 50 Stunden, bu=um=m L>,

10. dann schreibt der Computer

11. automatisch die Abmeldung. <A Pfff (. . .) ^weg. A>

【抜粋 3 の続き】（本文18 – 19ページ）

12. **W:** <A Pech gehabt, nä. A> /Und da muss

13. man selber dann (da)für sorgen, dass das nicht ^passi=iert.

14. Dann heißt (das), die ^Verantwortungskarte,

15. **I:** Hm

16. **W:** die liegt dann nämlich bei demjenigen,<der da>

17. der da nicht ^kommt und

18. **I:** Hm

19. **W:** nicht bei uns, die immer entscheiden müssen,

20. ‚soll'n wir dich noch behalten oder nicht?'. Also es geht <um>

21. **I:** Hm

22. **W:** auch um Verantwortung, finde ich. Wer

23. hat die Verantwortung dafür?

【抜粋 4 （抜粋 1 からの続き）】（本文20ページ）

5. **F:** Und damit auch nie irgendwie gezeigt,

6. dass ich verantwortungsbewusst bin und dass ich selbst

7. für mich verantwortlich bin und erm, alles richtig mache

【抜粋 4の続き】（本文20 – 21ページ）

8. **F:** /Das kann ich jetzt ändern.

9. **I:** Und was hat die Veränderung

10. gebracht oder zu dieser Veränderung geführt?

11. **F:** Dass［du weißt］

12. **F:** <［Die Einsicht］>

13. **I:** <und> dass du jetzt (was) machen willst oder machst?

14. **F:** Die Einsicht. Als ich äh, hierher gekommen bin (. . .)

15. das erste Jahr.

16. **I:** In der Schule meinst du?

17. **F:** Ja hier in der #Name der Schule# (.2) da

18. war das sofort anders. Ich musste mich anders äh, entscheiden,

19. ob ich jetzt nun den Weg des ^grausamen Jungen der Eltern

20. (Lacher) sein möchte ,oder ob ich äh nun endlich

21. mal, anfange

22. **I:**［Mm］

23. **F:**［Erwachsen］zu werden. / Und das hab

24. ich jetzt geschafft. Das war [einfach nur]

25. **I:** [Mm]

26. **F:** ein ^Umdenken.

第2章

【抜粋 1】 (本文29 – 30ページ)

1. **W:** Ich habe gerade überlegt, ob wir zum ^Abschluss

2. dieses selbstständigen Projektes irgendne (irgendeine)

3. Form finden, wo die sich ^schriftlich noch mal zu ihrem

4. ^eigenen Prozess äußern (.2).

5. Was wahrscheinlich [ganz offen]

6. I: [Mm]

7. **W:** nicht irgendwie geht.

...

8. **W:** so'n ^bisschen diesen Prozess mal (. . .) wahrzunehmen

9. für sich selber. Ich denke, da braucht man ein paar Fragestellungen

10. (. . .) als Hilfe. (. . .) Also ich mein, nicht ^jeder

11. kann jetzt einfach los: <**LO** ,Das war gut und mein Problem

12. ist immer das und so' **LO**> Also das wär (wäre) (. . .)

...

13. also diesen Prozess noch mal zu ^beleuchten (.1)

14. **I:** (.1) Mm

15. **W:** (.1) Und das würd (würde) ich gerne schriftlich machen.

...

16. **W:** Also ne (eine) ^Grafik, die

17. **I:** Mm

18. **W:** die Zeitstruktur hat.

【抜粋 2】 (本文31 – 32ページ)

Tagesbericht vom 18.02.2005

Am dritten Tag habe ich eigentlich nichts besonderes gemacht. Ich war wie immer um 9.45 Uhr dort. Ich habe sofort die Handtücher gefaltet, als nächstes habe ich [. . .] Um 10.00 Uhr kam der erste Kunde, er hatte einen Hund dabei, der die ganze Zeit bellte und nervte. In der Zeit habe ich die Lockenwickler abgemacht, die ich gestern eingedreht hatte: Es sah richtig gut aus. Also kurzgesagt war ich auf mich stolz, die Locken sahen richtig toll und sauber aus bis in die Spitzen. #Mike# fand das auch! [. . .]Das mit der Frisur hat nicht so gut geklappt, aber zum Glück kam eine Kundin, bei ihr sollte Maria dasselbe tun. Ich habe von Anfang bis Ende richtig beobachtet. Und Mittwoch probiere ich es noch einmal.

【抜粋 3】（本文33ページ）

Mein letzter Tag beim Friseursalon
#Name x#

Ich habe mich entschlossen, nicht mehr beim Friseursalon #Name x# mein Praktikum zu absolvieren. Es gab sehr viele Gründe, wieso ich mein Praktikum wechseln wollte: z.B., weil der Weg bis dahin zu weit war, ich wollte einen Praktikumplatz, der in der Nähe meiner Wohnung ist. Es war nichts für mich, der Friseurladen war einfach nicht meine Welt. Ich kam mir vor wie eine Putzfrau. Die haben mir nur Putzaufgaben gegeben [. . .]Ich absolviere jetzt mein Praktikum in der Cafeteria und mir macht es sehr viel Spaß. Ich hoffe das(s) ich mich auch für meine Zukunft orientieren kann.

【抜粋 4】（本文34 – 35ページ）

Persönliche Stärken: -teamfähig, ebenso selbstständig
                           -Verständnis für Arbeitsabläufe, Organisation, Planung
                           -flexibel, gute Auffassungsgabe [1]
Hobbys: -Schwimmen und Fitness,
                           -Computer [2]
Berufswunsch: -??????????????????? [3]
Stadt, Datum: #Stadt#, #Datum# [4]

【抜粋 5】（本文35ページ）

1. **M:** /Die Doku Gülden? Wie sieht die Doku aus, hast du
2. alles zusammen? Bist du dir klar,
3. dass es bald soweit ist, Abgabetermin?
4. **G:** ~Ja. Yes
5. **M:** Hast du ´ s (es) im Griff?
6. **G:** ((nickt/nods))
7. **M:** Gut.
8. **W:** /Sehr gut.

【抜粋 6】（本文39 – 40ページ）

1. **G:** äh, manchmal habe ich das Gefühl irgendwie
2. (. . .) ich ^schaff das nicht, oder so was ― keine Ahnung.
3. **I:** Mhm
4. **G:** Was, wenn ich irgendwas nicht schaffe, oder so was, dann
5. rede ich mit meiner Schwester darüber,
6. **I:** [Mm]
7. **G:** [und]manchmal mit
8. meiner Mutter, aber mehr mit meiner Schwester, und
9. **I:** [Mm]

10. **G:** [sie sagt] mir dann es einfach: ‚wenn du das willst,

11. schaffst du das auch. Jeder schafft es'.

12. **I:** Mhm

13. **G:** Sie ^erklärt es mir.

14. **I:** Mhm

15. **G:** Sie ^zeigt mir, dass ich stark genug bin [dafür].

16. **I:** [Mhm] Hast du dafür ein Beispiel zur Erklärung?

17. **G:** Manchmal bin ich voll schlecht gelaunt oder so, keine Ahnung,

18. oder abends wenn ich schlafe, oder so was, dann denke ich

19. richtig intensiv darübe=er nach.

20. **I:** Worüber?

21. **G:** Über meine Zukunft und so weite=er.

【抜粋 7】（本文40 – 41ページ）

1. **I:** Und wie erlebst du Erfolg oder warum ist Erfolg für dich wichtig?

2. **G:** /Ich will einfach nicht, dass mein Leben langweilig wird.

3. **I:** Mm

4. **G:** <CR Also, keine Ahnung, was soll ich ~erzählen, ähm (2.) Ich

5. will nicht einfach wie andere ^Türken, oder so, zu Hause sitzen

6. und Hausfrau werden. Ich will auch mal Berufsleben haben

7. __ein ^erfolgreiches Berufsleben haben und Friseusin ist

8. ein zwar nicht immer so ein erfolgreicher Beruf aber,

9. wenn man es wirklich schafft, dann kann man wirklich

10. eine gute Friseusin werden, ^Meister z. B. ^Meistertitel

11. oder so Meisterprüfung und so, keine Ahnung. **CR>**

12. **I:** Mhm

13. **G:** ¥Ich will nicht so eine Hausfrau werden

【抜粋 9】（本文46ページ）

Liebe #Gülden#, ich gratuliere dir zum erweiterten Hauptschulabschluss! Im zweiten Halbjahr konntest du noch einmal all deine Fähigkeiten zeigen. [. . .] Bei der Wahl des Praxisplatzes hast du einen Volltreffer gelandet. Von Woche zu Woche fühltest du dich in dem Friseursalon in #name of district# mehr zu Hause und nahmst neue Herausforderungen an. Dein handwerkliches Geschick, deine freundliche und dezente Art im Umgang mit den Kunden und dein Blick für Ordnung waren ausschlaggebende Faktoren dafür, dass die Mitarbeiter dir gerne verantwortlich Aufgaben überließen __und dass sie voll des Lobes für deine Arbeit waren [. . .] Liebe Gülden, was wünsche ich dirü Einen zweiten herzlichen Glückwunsch, denn du hast es geschafft, einen Ausbildungsplatz zu bekommen, in deinem Traumberuf und in dem Friseurladen, in dem du schon jetzt ein- und ausgehst, als sei es dein Arbeitsplatz und dein Zuhause!

幕間

【抜粋 1】（本文52ページ）

1. **A:** <Mir ist es, deswegen,> verstehst du, Michalis, deswegen

2. meinte ich, mir (ist) es ^egal,

3. **I:** Mm.

4. **A:** wo ich Praktikum mache. Ist überall das Gleiche.

5. **I:** Mm.

6. **A:** Wenn ich mache, weiß nicht, **WH>** (. . .) **<CR** äh, man muss

7. realistisch gucken, <wenn es, ich würde gerne, wo ich /gerne

8. machen würde,> ist wegen Zeichnen, ich würde ^gerne

9. in ein Grafikdings gehen **CR>**.

10. **I:** Mm

11. **A:** <**WH** Aber was soll ich da? Ich habe nicht die Noten dafür,

12. ich habe, <nicht das die,> nicht den Schulabschluss dafür.

13. Verstehst du? (. . .) Um das später als Beruf zu machen **WH>**.

14. **I:** ［Mm.］

15. **A:** ［Ich mache］Praktikum da, ［alles gut, aber trotzdem］

16. **I:** ［Mm. Mm.

17. **A:** <**P** kann ich nicht, **P**> kann ich nichts damit anfangen.

第4章

【抜粋 1】（本文77 – 78ページ）

1. **T1:** Bem, como eu falei com vocês: Quem aqui que já conhece o que é um acampamento?

2. **Students:** Eu.- Eu.- Eu . . .

3. **T1:** Já viram as barraquinhas? #Marcia# cê conhece

4. acampamento? ^Nã=ão.

5. **St1:**　　　　　　　　［Eu n . . . ］

6. **T1:**　　　　　　　　［Ta=á］. Acampamento. <**CR** Quem já foi lá

7. visitar as pessoas que estão lutando pela <luta da> terra? (. . .) pela conquista da

8. terra (. . .) ainda tão morando debaixo da lona?

9. ^Ai ^ó **CR>**: são poucos os que <que> já viram um acampamento . . .

【抜粋 1の続き】（本文78ページ）

10. **T1:** ^Então, nós vamos mostrar hoje pra vocês algumas fotos, <dos> d' algumas

11. acampamentos, ^tá? \Acampamentos que nossas famílias passa=aram . . .

【抜粋 1の続き】（本文79ページ）

20. **T2:** O projeto que nós vamos começar a trabalhar com vocês,

21. é o projeto "Nossa identidade". Então quando vocês olham

22. um acampamento desse, por mais que vocês não tenham

23. passado por acampamento (. . .); os pais de vocês ^passaram, os ^avós de vocês

24. passaram (. . .) Então essa é que é nossa identidade. E mesmo que vocês ou os pais

25. de vocês não tenham passado por um acampamento, e vocês tão aqui hoje, num

26. assentamento, que faz parte do Movimento Sem Terra, então <a par . . . >

27. automaticamente vocês já são <já faz> a identidade de vocês já é do

28. Movimento Sem Terra.

【抜粋 3】 （本文86 – 87ページ）

1. **St4:** Ah tia, quando vocês estavam nas barracas, vocês passaram fome?

2. **T1:** Ah, ela está perguntando se a gente, quando acampado, passou fome

3. <L Às vezes ficava muito difícil, a alimentação ficava pouquinho. A gente quase

4. não tinha (alimentação). Mas fome não passamos ^não! Que tinha ^muita

5. solidariedade! Quando uma família não tinha, pegava uma lata de óleo, e a gente

6. dividia o óleo na ^colher, dava duas, três colheres para cada família, era a conta de

7. colocar na panela ［ . . . ］As crianças eram as que mais comiam no acampamento!

8. Porque todo mundo levava ^leite, ^fruta L> Às vezes faltava

9. o básico, porque quem dá a "cesta básica" é o INCRA (*Instituto Nacional de*

10. *Colonização e Reforma Agrária*) e às vezes atrasava,

11. e as famílias ficavam com um pouco de dificuldade, mas a gente dividia uma(s)

12. com as outras tudo o que a gente tinha

文 献

Agamben, G. (1993). *The coming community* (M. Hardt, Trans.). Minneapolis: University of Minnesota Press.（ア ガンベン, G. (2015). 『到来する共同体』（上村忠男, 訳）月曜社.）

Anonymous. (2002). Keepin' it real. *Northwest Education Magazine*, 8(2). http:// www.nwrel.org/nwedu/08-02/ real.asp (Accessed November 15, 2011)

Ansell-Pearson, K. (2002). *Philosophy and the adventure of the virtual: Bergson and the time of life*. London: Routledge.

Appadurai, A. (1996). *Modernity at large: Cultural dimensions of globalization*. Minneapolis: University of Minnesota Press.（アパデュライ, A. (2004). 『さまよえる近代―― グローバル化の文化研究』（門田 健一, 訳）平凡社.）

Arenhart, D. (2006). Quando o MST ocupa a escola: A educação da infancia numa escola em movimento. *Cadernos de Pesquisa em Educação, 12*(24), 51-77.

Associação Nacional de Cooperação Agricola. (2002). *O que levar em conta para a organização do assentamento*. São Paulo, Brazil: Associação Nacional de Cooperação Agricola/ Ministério do Meio Ambiente.

Bakhtin, M. (1981). *The dialogic imagination* (M. Holquist, Ed.; C. Emerson & M. Holquist, Trans.). Austin: University of Texas Press.

Baldwin, M. J. (1896). A new factor in evolution. *American Naturalist, 30*(354), 441-451.

Baldwin, M. J. (1897). Organic selection. *Science, New Series, 5*(121), 634-636.

Barad, K. (2007). *Meeting the universe halfway: Quantum physics and the entanglement of matter and meaning*. Durham, NC: Duke University Press.

Bateson, G. (2000). *Steps to an ecology of mind*. Chicago: University of Chicago Press. (Original work published 1972)（ベイトソン, G. (2000). 『精神の生態学』（佐藤良明, 訳）新思索社.）

Bauman, Z. (1997). The strangers of the consumer era: From the welfare state to prison. In Z. Bauman (Ed.), *Postmodernity and its discontents*. Oxford, UK: Polity Press.

Bauman, Z. (2003). *City of fears, city of hope*. London: Goldsmiths College, University of London.

Bauman, Z. (2007). *Consuming life*. Cambridge, UK: Polity Press.

Bergson, H. (1991). *Matter and memory* (N. M. Paul & W. S. Palmer, Trans.). New York: Zone. (Original work published 1896)（ベルクソン, H. (2015). 『物質と記憶』（熊野純彦, 訳）岩波書店.）

Bergson, H. (1998). *Creative evolution* (A. Mitchell, Trans.). Mineola, NY: Dover. (Original work published 1907)（ベルクソン, H. (2010). 『創造的進化』（合田正人・松井久, 訳）筑摩書房.）

Bernstein, B. B. (1977). *Class, codes and control Vol. 3.: Towards a theory of educational transmissions* (2nd rev. ed.). London & New York: Routledge & K. Paul.

Bertau, M.-C. (1996). *Sprachspiel Metapher: Denkweisen und kommunikative Funktion einer rhetorischen Figur*. Opladen: Westdeutscher Verlag.

Billett, S. (2008). Welcome to the new journal. *Vocations and Learning, 1*(1), 1-5.

Bilstein, J., Miller-Kipp, G., & Wulf, C. (1999). *Transformationen der Zeit: Erziehungswissenschaftliche Studien zur Chronotopologie*. Weinheim: Deutscher Studien Verlag.

Blackman, L., Cromby, J., Hook, D., Papadopoulos, D., & Walkerdine, V. (2008). Editorial: Creating subjectivities. *Subjectivity, 1*(1), 1-27.

Bock, B. A. M., & Gonçalves, M. G. M. (Eds.). (2009). *A dimensão subjetiva da realidade: Uma leitura sócio-histórica*. São Paulo, Brazil: Cortez.

Bock, B. A. M., Gonçalves, M. G. M., & Furtado, O. (Eds.). (2002). *Psicologia sócio-historica: Uma perspectiva crçtica em psicologia*. São Paulo, Brazil: Cortez.

Bohnsack, R. (2003). *Rekonstruktive Sozialforschung: Einführung in qualitative Methoden*. Opladen: Leske & Budrich.

Bohnsack, R., Nentwig-Gesemann, I., & Nohl, A. M. (2001). *Die dokumentarische Methode und ihre*

Forschungspraxis: Grundlagen qualitativer Sozialforschung. Opladen: Leske & Budrich.

Bohr, N. (1983). The quantum postulate and the recent development of atomic theory. In J. A. Wheeler & W. H. Zurek (Eds.), *Quantum theory and measurement* (pp.87-136). Princeton, NJ: Princeton University Press. (Original work published 1928)

Bozhovich, L. I. (2009). The social situation of child development (N. S. Favorov, Trans.). *Journal of Russian and East European Psychology, 47*(4), 59-71. (Original work published 1965)

Braidotti, R. (2002). *Metamorphoses: Towards a materialist theory of becoming*. Oxford, UK: Polity Press.

Braidotti, R. (2006). *Transpositions: On nomadic ethics*. Cambridge, UK: Polity Press.

Branford, S., & Rocha, J. (2002). *Cutting the wire: The story of the landless movement in Brazil*. São Paulo, Brazil: Latin America Bureau.

Brockmeier, J. (2000). Autobiographical time. *Narrative Inquiry, 10*(1), 1-23.

Brockmeier, J. (2003). Die Zeit meines Lebens. *Journal für Psychologie, 11*(1), 4-32.

Brown, S. (2002). Michel Serres: Science, translation and the logic of the parasite. *Theory, Culture & Society, 19*(3), 1-27.

Brown, S., & Stenner, P. (2009). *Psychology without foundations: History, philosophy and psychosocial theory*. London: Sage.

Burnett, N. (2008). Foreword: TVET for the sustainability of human kind. In R. Maclean & D. Wilson (Eds.), *International handbook of education for the changing world of work: Bridging academic and vocational learning*. Heidelberg, Germany: Springer.

Butler, J. (1987). *Subjects of desire: Hegelian reflections in twentieth-century France*. New York: Columbia University Press. (バトラー, J. (2019). 『欲望の主体――ヘーゲルと二〇世紀フランスにおけるポスト・ヘーゲル主義』(大河内泰樹・岡崎佑香・岡崎龍・野尻英一, 訳) 堀之内出版.)

Butler, J. (1990). *Gender trouble: Feminism and the subversion of identity*. New York: Routledge. (バトラー, J. (2018). 『ジェンダー・トラブル――フェミニズムとアイデンティティの攪乱』(竹村和子, 訳) 青土社.)

Cabillas, M. R. (2009). *Self-written speech: The subject tells her self*. Unpublished doctoral dissertation, Universidad Pablo de Olavide, Seville, Spain.

Caldart, R. S. (2002). *Pedagogia do Movimento Sem Terra: Acompanhamento às escolas*. São Paulo: Movimento des Trabalhadores Rurais Sem Terra–Setor da Educação–Instituto Técnico de Capacitação e Pesquisa da Reforma Agrária.

Caldart, R. S., Paludo, C., & Doll, J. (Eds.). (2006). *Como se formam os sujeitos do campo? Idosos, adultos, jovens, crianças e educadores*. Brasilia, Brazil: PRONERA/NEAD.

Caldeira, R. (2009). The Failed Marriage between Women and the Landless People's Movement (MST) in Brazil. *Journal of International Women's Studies, 10*(4), 237-258.

Caliari, R., Foerste, E., & Schütz-Foerste, G.M. (Eds.). (2009). *Introdução à Educação do Campo: Povos, Territórios, Saberes da Terra, Movimentos Sociais e Sustentabilidade*. Vitória, ES, Brazil: PPGE.

Camini, I. (2009). *Escola itinerante: Na fronteira de uma nova escola*. São Paulo, Brazil: Expressão Popular.

Casali, D., & Pizetta, J. A. (2005). A Formação do Campesinato e as Mudanças Recentes na Agricultura Capixaba. In A. P. Souza, J. A. Pizetta, H. Gomes & D. Casali (Eds.), *A Reforma Agrária e o MST no Espirito Santo* (pp.29-72). Vitória, ES, Brazil: Secretaria Estadual Movimento Sem Terra.

Casarino, C., & Negri, A. (2008). *In praise of the common: A conversation on philosophy and politics*. Minneapolis: University of Minnesota Press.

Chaiklin, S. (2003). The zone of proximal development in Vygotsky's analysis of learning and instruction. In A. Kozulin, B. Gindis, V. Ageyev, & S. Miller (Eds.), *Vygotsky's educational theory in cultural context* (pp.39-64). Cambridge, UK: Cambridge University Press.

Chevallard, Y. (1986). *Sur la notion de temps didactique*. Paper presented at the Quatrieme école d'été de didactique mathématique, Paris, France.

Chevallard, Y., & Mercier, A. (1987). *Sur la formation historique du temps didactique*. Marseille, France: IREM.

Chhuon, V., & Carranza, F. (2008). Book review: Conchas, G. Q. (2006). *The color of success: Race and high-achieving urban youth.* New York: Teachers College Press. http://uex.sagepub.com/cgi/rapidpdf/0042085907311018v1.pdf (Accessed August 15, 2008)

Chronaki, A. (2011). "Troubling" essentialist identities: Performative mathematics and the politics of possibility. In M. Kontopodis, C. Wulf, & B. Fichtner (Eds.), *Children, development and education: Cultural, historical, anthropological perspectives* (pp.207-226). Dordrecht, London, New Delhi, India, & New York: Springer.

Cole, M. (1995). Culture and Cognitive Development: From Cross-Cultural Research to Creating Systems of Cultural Mediation. *Culture and Psychology, 1,* 25-54.

Conchas, G. Q. (2006). *The color of success: Race and high-achieving urban youth.* New York: Teachers College Press.

da Silva-Bereta, C. (2003). *As fissuras na construção do "novo homem" e da "nova mulher" — Relaçães de gênero e subjetividades no devir MST — 1979/2000 (PhD Dissertation).* Universidade Federal de Santa Catarina, Florianópolis, Brazil.

da Silva, J. F. (2008). Escola itinerante Paulo Freire: Experiência de Educação. *Cadernos da Escola Itinerante-MST, 1*(2), 7-24.

Dafermos, M. (2002). *The Cultural-historical theory of Vygotsky: Philosophical, psychological and pedagogical aspects.* Athens, Greece: Atrapos (in Greek).

Daniels, H. (2001). *Vygotsky and pedagogy.* London & New York: Routledge.（ダニエルス, H. (2006).『ヴィゴツキーと教育学』（山住勝広・比留間太白, 訳）関西大学出版部.）

Daniels, H. (2006). The "social" in post-Vygotskian theory. *Theory & Psychology,16*(1), 37-49.

Daniels, H. (2008). *Vygotsky and research.* London: Routledge.

Daniels, H. (2011). Analysing trajectories of professional learning in changing workplaces. *Culture & Psychology, 17*(3), 359-377.

Davydov, V. (2008). *Problems of developmental instruction: A theoretical and experimental psychological study* (P. Moxhay, Trans.). Hauppauge, NY: Nova Science.

Davydov, V., & Markova, A. (1983). A concept of educational activity for school children. *Soviet Psychology, 21*(2), 50-76.

de Andrade, A. (2008). Escola itinerante Sementes do Amanhã: Uma História de Lutas e Conquistas. *Cadernos da Escola Itinerante–MST, 1*(2), 25-42.

de Freitas, C. A. R., & Knopf, J. D. F. (2008). Escola itinerante Paulo Freire: Experiência de educação. *Cadernos da Escola Itinerante–MST, 1*(2), 65-86.

Delari, J. A., & Bobrova-Passos, I. V. (2010). *Alguns sentidos da palavra perejivanie em L. S. Vigotski: notas para estudo futuro junto á psicologia russa.* Unpublished manuscript, Umuarama, Brazil/ Ivanovo, Russia (Published online). http://www.vigotski.net/casa.htm (Accessed November 15, 2011)

Deleuze, G. (1992). Postscript on the societies of control. *October, 59,* 3-7.

Deleuze, G. (1994). *Difference and repetition.* (P. Patton, Trans.). London: Athlone. (Original work published 1968)（ドゥルーズ, G. (2007).『差異と反復』（財津理, 訳）河出書房新社.）

Deleuze, G., & Guattari, F. (1987). *A thousand plateaus: Capitalism and schizophrenia.* (B. Massumi, Trans.). Minneapolis: University of Minnesota Press. (Original work published 1980)（ドゥルーズ, G., ガタリ, F. (2010).『千のプラトー──資本主義と分裂症』（宇野邦一・小沢秋広・田中敏彦・豊崎光一・宮林寛・守中高明, 訳）河出書房新社.）

Deleuze, G., & Guattari, F. (1994). *What is philosophy?* (G. Burchell & H. Tomlinson, Trans.) New York: Columbia University Press. (Original work published 1991)（ドゥルーズ, G., ガタリ, F. (2012).『哲学とは何か』（財津理, 訳）河出書房新社.）

Delhaxhe, A. (1997). Le temps comme unité d'analyse dans la recherché sur l'enseignement. *Revue Francaise de Pédagogie, 118,* 107-125.

de Melo, D. M. (2001). *A Construcão da Subjetividade de Mulheres Assentadas Pelo MST (PhD Dissertation).* Universidade Estadual de Campinas, Campinas, SP Brazil.

Derrida, J. (1972). Ousia et gramme: Note sur une note de Sein und Zeit. *Marges de la philosophie*, 31-78.

Derrida, J. (1991). *L'ecriture et la différence*. Paris: Seuil. (デリダ, J. (2022). 『エクリチュールと差異』(谷口博史, 訳) 法政大学出版局.)

Dieckmann, B., Wulf, C., & Wimme, M. (Eds.). (1997). *Violence, nationalism, racism, xenophobia*. Münster, Germany: Waxmann.

Diezemann, E. (2011). Benachteiligte Jugendliche zwischen formalem Teilhabeanspruch und gesellschaftlich materialer Exclusion. In U. Buchmann, E. Diezemann, R. Huisinga, S. Koehler, & T. Zielke (Eds.), *Internationale Perspektiven der Subjektentwicklungs-und Inklusionsforschung* (pp.40-62). Frankfurt am Main, Germany: Verlag der Gesellschaft zur Foerderung arbeitsorientierter Forschung und Bildung.

Dimenstein, G. (1996). *Democracia em pedaços: direitos humanos no Brasil*. São Paulo, Brazil: Companhia das Letras.

Diniz-Pereira, J. E. (2005). Teacher education for social transformation and its links to progressive social movements: The case of the Landless Workers Movement in Brazil. Journal for Critical Education Policy Studies, 3(2). http://www. jceps.com/?pageID=article&articleID=51 (Accessed November 15, 2011)

dos Santos, F.-M. (2002). *A Educação No Movimento Sem Terra: Concepções, Alcances, Limitações e Perspectivas da Experiência*. Belem: Universidade da Amazonia, Belém-Pa, Brazil.

Dreier, O. (1991). Client interests and possibilities in psychotherapy. In C. Tolman & M. Maiers (Eds.), *Critical psychology: Contributions to an historical science of the subject* (pp.196-211). Cambridge, UK: Cambridge University Press.

Durkheim, E. (1991). *Les formes élémentaires de la vie religieuse: Le système totémique en Australie*. Paris: Librairie Générale Française. (Original work published 1912)

Edwards, J. A., & Lampert, M. D. (1993). *Talking data: Transcription and coding in discourse research*. Hillsdale, NJ: Erlbaum.

Einstein, A. (1905). Zur Elektrodynamik bewegter Körper. *Annalen der Physik, 17*, 891-921.

Emerson, R. M., Fretz, R. I., & Shaw, L. L. (2003). *Writing ethnographic fieldnotes*. Chicago: University of Chicago Press.

Engeström, Y. (1987). *Learning by expanding: An activity-theoretical approach to developmental research*. Helsinki, Finland: Orienta-Konsultit Oy. (エンゲストローム, Y. (2020). 『拡張による学習 完訳増補版 —— 発達研究への活動理論からのアプローチ』(山住勝広, 訳) 新曜社.)

Engeström, Y. (2006). Development, movement and agency: Breaking away into mycorrhizae activities. In K. Yamazumi (Ed.), *Building activity theory in practice: Toward the next generation*. Osaka, Japan: Center for Human Activity Theory, Kansai University.

Erikson, E. (1956). The problem of Ego identity. *Journal of the American Psychoanalytic Association, 4*, 56-121.

Erikson, E. (1966). *Identität und Lebenszyklus: drei Aufsatze* (K. Hügel, Trans.).Frankfurt am Main, Germany: Suhrkamp. (エリクソン, E. (2011). 『アイデンティティとライクサイクル』(西平直・中島由恵, 訳) 誠信書房.)

Fairclough, N. (1992). *Discourse and social change*. Cambridge, UK & Cambridge, MA: Polity Press.

Farias, A. N. (2008). A trajetória de resistencia da Escola Itinerante Ernest Che Guevara. *Cadernos da Escola Itinerante–MST, 1*(2), 43-64.

Farrell, L., & Fenwick, T. (Eds.). (2007). *Educating the global workforce: Knowledge, knowledge work and knowledge workers* (World yearbook of education 2007). London & New York: Routledge.

Fichtner, B. (1996). *Lernen und Lerntätigkeit. Phylogenetische, ontogenetische und epistemologische Studien*. Magburg: BdWi-Verlag.

Fichtner, B. (2007). Wirklichkeit vom "Standpunkt des Neuen" sehen: Das Beispiel Albert Einstein. In M. Benites & B. Fichtner (Eds.), *Vom Umgang mit Differenz. Globalisierung und Regionalisierung im interkulturellen Diskurs* (pp.145-158). Oberhausen, Germany: Athena.

Filipović, Z. (1994). *Zlata's diary: A child's life in Sarajevo* (C. Pribichevich-Zorić, Trans.). London: Penguin. (フィリポヴィッチ, Z. (1994). 『ズラータの日記 —— サラエボからのメッセージ』(相原真理子, 訳)

二見書房.)

Fleer, M., Hedegaard, M., & Tudge, J. (2009). *World yearbook of education 2009: Childhood studies and the impact of globalization: Policies and practices at global and local levels*. New York: Routledge.

Foerste, E. & Schütz-Foerste, G. M. (2004). Professores, Sem Terra e Universidade: qual parceria. In M. R. Anfdrade, M. C. Di Pierro, M. Castagna Molina, & S. M. de Jesus. (Eds). *A Educação na Reforma Agrária em Perspectiva* (pp.211-228). São Paulo: Ação Educativa.

Foerste, E., & Schütz-Foerste, G. M. (2011). Bildung auf dem Land und Bildung durch das Land in Brasilien. In U. Buchmann, E. Diezemann, R. Huisinga, S. Koehler, & T. Zielke (Eds.), *Internationale Perspektiven der Subjektentwicklungsund Inklusionsforschung* (pp.170-187). Frankfurt am Main, Germany: Verlag der Gesellschaft zur Foerderung arbeitsorientierter Forschung und Bildung.

Foucault, M. (1988). *The care of the self* (R. Hurley, Trans.). London: Penguin. (Original work published 1986) （フーコー , M. (1987). 『自己への配慮』（田村俶, 訳）新潮社.）

Foucault, M. (2002). *The order of things: An archaeology of the human sciences* (A. M. Sheridan Smith, Trans.). New York & London: Routledge. (Original work published 1966)（フーコー , M. (2020). 『言葉と物 —— 人文科学の考古学』（渡辺一民, 佐々木明, 訳）新潮社.）

Foucault, M. (2005). *The hermeneutics of the subject: Lectures at the Collége de France, 1981-1982* (F. Gros, F. Ewald, & A. Fontana, Ed.; G. Burchell, Trans.). New York: Palgrave-Macmillan.

Foucault, M., Martin, L. H., Gutman, H., & Hutton, P. H. (1988). *Technologies of the self: A seminar with Michel Foucault*. Amherst: University of Massachusetts Press.（フーコー , M. (2004). 『自己のテクノロジー —— フーコー・セミナーの記録』（田村俶・雲和子, 訳）岩波書店.）

Fox, S. (2000). Communities of practice, Foucault and actor-network theory. *Journal of Management Studies, 37*, 853-867.

Frank, A. (1995). The diary of Anne Frank. In O. H. Frank & M. Pressler (Eds.), *Het Achterhuis: Dagboekbrieven van 12 Juni 1942-1 Augustus 1944* [The annex: Diary notes from 12 June 1942-1 August 1944]. New York: Doubleday. (Original work published 1947)（フランク, A. (2003). 『アンネの日記』（深町眞理子, 訳）文藝春秋.）

Freire, P. (1974). *Education for critical consciousness* (M. Bergman Ramos, Trans.). New York: Seabury Press.

Freire, P. (1986). *Pedagogy of the oppressed* (M. Bergman Ramos, Trans.). New York: Continuum. (Original work published 1970)（フレイレ, P. (2018). 『被抑圧者の教育学』（三砂ちづる, 訳）亜紀書房.）

Freitas, V. J., dos Santos, V., Musial-da Silva, G. B., de Franca, R. F., de Oliveira,A. M. M., & Trevisan, M. (2008). Socialização projetiva de experiências de Educação do Campo. In E. Foerste, M. G. Schütz Foerste, & L. M. DuarteSchneider (Eds.), *Projeto político-pedagógico da Educação do Campo/ Por uma Educação do Campo* (Vol. 6) (pp.179-208). Vitória, Brazil: PRONERA na Região Sudeste.

Garcia-Reid, P. (2007). Examining social capital as a mechanism for improving school engagement among low income Hispanic girls. *Youth & Society, 39*(2), 164-181.

Gebauer, G., & Wulf, C. (2003). *Mimetische Weltzugänge: Soziales Handeln, Rituale und Spiele, ästhetische Produktionen*. Stuttgart, Germany: W. Kohlhammer.

Geissler, K. A. (1985). *Zeitleben: Vom Hasten und Rasten, Arbeiten und Lernen, Leben und Sterben*. Weinheim, Germany: Quadriga.

Gell, A. (1992). *The anthropology of time: Cultural constructions of temporal maps and images*. Oxford, UK & Providence, RI: Berg.

Gergen, K. J. (1993). *Refiguring self and psychology*. Aldershot, UK & Brookfield, VT: Dartmouth.

Giddens, A. (1991a). *The consequences of modernity*. Cambridge, UK: Polity Press.（ギデンズ, A. (1993). 『近代とはいかなる時代か？ —— モダニティの帰結』（松尾精文, 小幡正敏, 訳）而立書房.）

Giddens, A. (1991b). *Modernity and self-identity: Self and society in the late modern age*. Stanford, CA: Stanford University Press.（ギデンズ, A. (2021). 『モダニティと自己アイデンティティ —— 後期近代における自己と社会』（秋吉美都・安藤太郎・筒井淳也, 訳）筑摩書房.）

Gill, R., & Scharff, C. (Eds.). (2011). *New femininities: Postfeminism, neoliberalism and subjectivity*. Hampshire,

UK: PalgraveMacmillan.

Giroux, H. A. (2009). *Youth in a suspect society: Democracy or disposability.* New York: PalgraveMacmillan.

Giroux, H. A. (2011). Fighting for the future: American youth and the global struggle for democracy. *Cultural Studies <=> Critical Methodologies, 11*(4), 328-340.

Gomes, H. (2005). Aspectos da História Economica do Espirito Santo. In A. P. Souza, J. A. Pizetta, H. Gomes, & D. Casali (Eds.), *A Reforma Agrária e o MST no Espirito Santo* (pp.15-28). Vitória, ES, Brazil: Secretaria Estadual Movimento Sem Terra.

Griffin, D. R. (2001). Time in process philosophy. *KronoScope, 1*(1-2), 75-99.

Gruwell, E. (1999). *The Freedom Writers diary: How a teacher and 150 teens used writing to change themselves and the world around them.* New York: Broadway Books.（フリーダムライターズ with グルーウェル, E. (2007).『フリーダム・ライターズ』（田中奈津子, 訳）講談社.）

Gruwell, E. (2007a). *The Freedom Writers diary: Teacher's guide.* New York: Broadway Books.

Gruwell, E. (2007b). *Teach with your heart: Lessons I learned from the Freedom Writers.* New York: Broadway Books.

Gutman, Y., Brown, A. D., & Sodaro, A. (2011). *Memory and the future: Transnational politics, ethics and society.* London: Palgrave Macmillan.

Halbwachs, M., & Alexandre, J. H. (1950). *La mémoire collective.* Paris: Presses universitaires de France.

Hall, S., & Jefferson, T. (1976). *Resistance through rituals: Youth subcultures in post-war Britain.* London: Hutchinson.

Hansen, D. M., & Jarvis, P. A. (2000). Adolescent employment and psychosocial outcomes: A comparison of two employment contexts. *Youth & Society, 31*(4), 417-436.

Haraway, D. (1991). *Simians, cyborgs, and women: The reinvention of nature.* New York: Routledge.（ハラウェイ, D. (2017).『猿と女とサイボーグ —— 自然の再発明』（高橋さきの, 訳）青土社.）

Haraway, D. (1997). *Modest_Witness@Second_Millennium.FemaleMan[©]_ Meets_ OncoMouse[TM].* New York: Routledge.

Hardt, M., & Negri, A. (2000). *Empire.* Cambridge, MA: Harvard University Press.（ネグリ, A., ハート, M. (2003).『帝国 —— グローバル化の世界秩序とマルチチュードの可能性』（水嶋一憲・酒井隆史・浜邦彦・吉田俊実, 訳）以文社.）

Hardt, M., & Negri, A. (2004). *Multitude: War and democracy in the age of Empire.* London: Penguin.（ネグリ, A., ハート, M. (2005).『マルチチュード ——「帝国」時代の戦争と民主主義』（幾島幸子・市田良彦・水嶋一憲, 訳）日本放送出版協会.）

Harris, A., Fisher, R., & Jarvis, C. (2008). *Education in popular culture: Telling tales on teachers and learners.* London & New York: Routledge.

Hasenfratz, M. (2003). *Wege zur Zeit.* München, Germany & Berlin, Germany: Waxmann.

Haug, F. (1987). *Female sexualization: A collective work of memory* (E. Carter, Trans.). London: Verso. (Original work published 1983)

Haug, F. (1992). *Beyond female masochism: Memory-work and politics.* London & New York: Verso.

Hedegaard, M. (2001). *Learning in classrooms: A cultural-historical approach.* Aarhus, Denmark: Aarhus University Press.

Hedegaard, M. (2005). The zone of proximal development as basis for instruction. In H. Daniels (Ed.), *An introduction to Vygotsky* (pp.227-252). New York: Routledge.

Hedegaard, M., & Lompscher, J. (1999). *Learning activity and development.* Aarhus, Denmark: Aarhus University Press.

Heisenberg, W. (1927). Über den anschaulichen Inhalt der quantentheoretischen Kinematik und Mechanik. *Zeitschrift für Physik, 43,* 172-198.

Heredia, B. (2008). Assentamentos rurais e perspectivas da reforma agrária no Brasil. In E. Foerste, M. G. Foerste-Schütz, & L. M. Duarte-Schneider (Eds.), *Projeto politico-pedagógico da Educação do Campo/Por uma Educação do Campo* (Vol. 6, pp.17-35). Vitória, Brazil: PRONERA na Região Sudeste.

Hess, D. J. (1997). *Science studies: An advanced introduction*. New York: New York University Press.

Holland, D., & Valsiner, J. (1988). Cognition, symbols, and Vygotsky's developmental psychology. *Ethos, 16*(3), 247-272.

Holzkamp, K. (1995). *Lernen: Subjektwissenschaftliche Grundlegung*. Frankfurt am Main, Germany: Campus.

Holzman, L. (2009). *Vygotsky at work and play*. London & New York: Routledge.

Houck, J. W., Cohn, C. K., & Cohn, A. C. (2004). *Partnering to lead educational renewal: High-quality teachers, high-quality schools*. Long Beach, CA: Teachers College Press.

Ingold, T. (1986). *Evolution and social life*. Cambridge, UK & New York: Cambridge University Press.

Iniciativa da Carta da Terra Brasil. (2000). *Carta da Terra*. Brazil. http://www. cartadaterrabrasil.org/prt/text. html (Accessed November 15, 2011)

Ivinson, G., & Murphy, P. (2007). *Rethinking single-sex teachings: Gender, subject knowledge and learning*. Buckingham, UK: Open University Press.

Jessor, R., Colby, A., & Shweder, R. (Eds.). (1996). *Ethnography and human development: Context and meaning in social inquiry*. Chicago & London: University of Chicago Press.

Jornal dos Trabalhadores Rurais Sem Terra. (2009). 25 Anos de Lutas a Conquistas. *Jornal dos Trabalhadores Rurais Sem Terra/ Edição Especial: MST 25 Anos 1984-2009*, pp.6-11.

Kagawa, S., & Moro, Y. (2009). Spinozic re-considerations on the concept of activity: Politico-affective process and discursive practice in the transitive learning. In A. Sannio, H. Daniels, & K. Gutierez (Eds.), *Learning and expanding with activity theory* (pp.176-193). Cambridge, UK: Cambridge University Press.

Kane, L. (2000). Popular education and the Landless People's Movement in Brazil (MST). *Studies in the Education of Adults, 32*(1), 36-50.

Karriem, A. (2009). The rise and transformation of the Brazilian Landless Movement into a counter-hegemonic political actor: A Gramscian analysis. *Geoforum, 40*(3), 316-325.

Keiler, P. (2002). *Lev Vygotskij: Ein Leben für die Psychologie*. Weinheim, Germany: Beltz.

Keller, R. (2005). *Wissenssoziologische Diskursanalyse: Grundlegung eines Forschungsprogramms*. Wiesbaden, Germany: Verlag fur Sozialwissenschaften.

Keneally, T. (1982). *Schindler's Ark*. New York: Simon & Schuster.

Kontopodis, M. (2006). Theoretical approaches to the study of time: Time as a socio-historical and cultural phenomenon and its implications. In M. Pourkos (Ed.), *Socio-historical and cultural approaches in psychology and education* (pp.227-251). Athens, Greece: Atrapos (in Greek).

Kontopodis, M. (2007). Fabrication of times and micro-formation of discourse at a secondary school. *Forum: Qualitative Social Research (Online Journal), 8, 1*. http://www.qualitative-research.net/fqs-texte/1-07/07-1-11-e.htm (Accessed November 15, 2011)

Kontopodis, M. (2009a). Documents' memories: Enacting pasts and futures at the School for Individual Learning-in-Practice. *Memory Studies, 2*(1), 11-26.

Kontopodis, M. (2009b). Editorial of the special issue Materializing times: From memory to imagination: Time. Matter. Multiplicity. *Memory Studies, 2*(1), 5-10.

Kontopodis, M. (2009c). *Fabricating human development: The dynamics of "ordering" and "othering" in an experimental secondary school (Hauptschule)*. Unpublished doctoral dissertation, Freie Universität Berlin, Berlin, Germany. http://www.diss.fu-berlin.de/diss/receive/FUDISS_thesis_000000010899 (Accessed November 15, 2011)

Kontopodis, M. (Ed.). (2009d). *Children, culture and emerging educational challenges: A dialogue with Brazil, Latin America*. Berlin, Germany: Lehmanns Media.

Kontopodis, M. (2011a). Landless children/ Sem Terrinha: A multimedia anthropological scape. Espirito Santo, Brazil: 2010-2012 (Online Publication). http:// landlessmov2010.wordpress.com/ (Accessed November 15, 2011)

Kontopodis, M. (2011b). Enacting human developments: From representation to virtuality. In M. Kontopodis,

C. Wulf, & B. Fichtner (Eds.), *Children, development and education: Cultural, historical, anthropological perspectives* (pp.185-206). Dordrecht: Springer.

Kontopodis, M. (2011c). *Landless Children — Sem Terrinha. Espirito Santo, Brazil, 2010* [Short Film, 15']. Berlin, Germany. http://landlessmov2010.wordpress.com (Accessed March 15, 2012) or http://mkontopodis. wordpress.com (Accessed March 15, 2012)

Kontopodis, M. (2011d). Transforming the power of education for young minority women: Narrations, meta-reflection, and societal change. *Ethos, 39*(1), 76-97.

Kontopodis, M. (under review, 2012). Youth in movement in contemporary Brazil, or: Sharing a few intense moments of movement and silence with José, Carlos, Raquel, and Werá Mirim. In M. Kontopodis, M. J. Coracini, J. Janer, & M. C. Magalhaes (Eds.), *Peripheral subjectivities in Brazil: Education, society, psychology.* London & New York: Routledge.

Kontopodis, M., Coracini, M. J., Janer, J., & Magalhaes, M. C. (Eds.). (under review, 2012). *Peripheral subjectivities in Brazil: Education, society, psychology.* London & New York: Routledge.

Kontopodis, M., & Matera, V. (2010). Doing memory, doing identity: Politics of the everyday in contemporary global communities (Introduction to special issue). *Outlines: Critical Practice Studies, 2,* 1-14.

Kontopodis, M., & Newnham, D. S. (2011). Building bridges in dialogue with the future: An introduction (Dialogue 2011: Expanding cultural-historical and critical perspectives on child and youth development). *Ethos, 39*(1), 71-75.

Kontopodis, M., & Niewöhner, J. (Eds.). (2011). *Das Selbst als Netzwerk: Zum Einsatz von Körpern und Dingen im Alltag.* Bielefeld, Germany: transcript.

Kontopodis, M., & Pourkos, M. (2006). Das Alltagswissen von Jugendlichen über Zeit in der Schule: Von stillstehenden Uhren, aufeinander folgenden Blocks u. a. bildlichen Metaphern. In M. Benites & B. Fichtner (Eds.), *Vom Umgang mit Differenz: Globalisierung und Regionalisierung im interkulturellen Diskurs* (pp.221-241). Oberhausen, Germany: Athena.

Kontopodis, M., Wulf, C., & Fichtner, B. (2011a). Children, culture and education: A dialogue between cultural psychology and historical anthropology. In M. Kontopodis, C. Wulf, & B. Fichtner (Eds.), *Children, development and education: Cultural, historical, anthropological perspectives* (pp.1-24). Dordrecht, London, New Delhi, India, & New York: Springer.

Kontopodis, M., Wulf, C., & Fichtner, B. (Eds.). (2011b). *Children, development and education: Cultural, historical, anthropological perspectives.* Dordrecht, London, New Delhi, India, & New York: Springer.

Korczak, J. (1971). *Wie man ein Kind lieben soll.* Göttingen, Germany: Vandenhoeck & Ruprecht. (Original work published 1929)

Kravtsova, E. (2008, December 15). *Zone of potential development and subject positioning.* Paper presented at the Vygotsky Symposium, Monash University, Peninsula Campus, Monash, Australia, December 15, 2008.

LaGravenese, R. (2006). *Freedom Writers* [Film]. Hollywood, CA, U.S.: Paramount Pictures.

Latour, B. (1987). *Science in action: How to follow scientists and engineers through society.* Cambridge, MA: Harvard University Press.（ラトゥール, B.（1999）.『科学が作られているとき —— 人類学的考察』（川崎勝・高田紀代志, 訳）産業図書.）

Latour, B. (2005a). *Reassembling the social: An introduction to actor-networktheory.* Oxford, UK, & New York: Oxford University Press.（ラトゥール, B.（2019）.『社会的なものを組み直す —— アクターネットワーク理論入門』（伊藤嘉高, 訳）法政大学出版局.）

Latour, B. (2005b). Trains of thought: The fifth dimension of time and its fabrication. In A. N. Perret-Clermont (Ed.), *Thinking time: A multidisciplinary perspective on time* (pp.173-187). Göttingen, Germany: Hogrefe & Huber.

Lave, J., & Wenger, E. (1991). *Situated learning: Legitimate peripheral participation.* Cambridge, UK & New York: Cambridge University Press.（レイヴ, J., ウェンガー, E.（1995）.『状況に埋め込まれた学習 —— 正統的周辺参加』（佐伯胖, 訳）産業図書.）

Lee, C. A. (2006). *Anne Frank and the children of the Holocaust.* New York: Viking & Penguin.

Lee, C. D., & Smagorinsky, P. (2000). *Vygotskian perspectives on literacy research: Constructing meaning through collaborative inquiry.* Cambridge, UK & New York: Cambridge University Press.

Lee, N. (2001). *Childhood and society: Growing up in an age of uncertainty.* Buckingham, UK: Open University Press.

Liberali, F. (2008). Spinoza, Bachtin und Vygotskij um Transformationen im Kontext benachteiligter brasilianischer Schulen zu verstehen. *Mitteilungen der Luria-Gesellschaft, 1*(1), 9-28.

Liberali, F. (2010). *Formação Crítica de Educadores: Questões Fundamentais.* Campinas, SP, Brazil: Pontes.

Liberali, F., & Fuga, V. (2007). Spinoza and Vygotsky in the production of the concept of reading in the acting as citizens project. In R. Alanen & S. Pöyhönen (Eds.), *Language in action: Vygotsky and Leontievian legacy today* (pp.101-124). Newcastle, UK: Cambridge Scholars.

Liell, C. (2003). Jugend, Gewalt und Musik: Praktiken der Efferveszenz in der HipHop-Szene. In U. Luig & J. Seebode (Eds.), *Ethnologie der Jugend: Soziale Praxis, moralische Diskurse und inszenierte Körperlichkeit* (pp.123-153). Münster, Germany: LIT.

Linstead, S., & Pullen, A. (2006). Gender as multiplicity: Desire, displacement, difference and dispersion. *Human Relations, 59*(9), 1287-1310.

Luhmann, N. (1987). *Soziale Systeme: Grundriß einer allgemeinen Theorie.* Frankfurt am Main, Germany: Suhrkamp.

Luhmann, N. (1990). Gleichzeitigkeit und Synchronisation. In N. Luhmann (Ed.), *Soziologische Aufklärung. Bd. 5: Konstruktivistische Perspektiven* (pp.95-130). Opladen, Germany: Westdeutscher Verlag.

MacCurdy, M. (2007). *The mind's eye: Image and memory in writing about trauma.* Amherst: University of Massachusetts Press.

Macrine, L. S. (Ed.). (2009). *Critical pedagogy in uncertain times: Hope and possibilities.* London: Palgrave Macmillan.

Magalhães, M. C. (2009). O método para Vygotsky: A zona proximal de desenvolvimento como zona de colaboração e criticidade criativas. In R. H. Scettini, M. C. Daminovic, M. M. Hawi, & P. T. C. Szundy (Eds.), *Vygotsky: Uma revista no início do século XXI* (pp.53-79). São Paulo, Brazil: Andross.

Mandelstam, O. (1991). The world and culture. In J. G. Harris (Ed.), *Osip Mandelstam: The collected critical prose and letters* (pp.112-116). London: Collins Harvill. (Original work published 1921)

McLaren, P., Macrine, S., & Hill, D. (Eds.). (2010). *Revolutionizing pedagogy: Educating for social justice within and beyond global neo-liberalism.* London: Palgrave Macmillan.

Middleton, D., Brown, S., & Lightfoot, G. (2001). Performing the past in electronic archives: Interdependencies in the discursive and non-discursive ordering of institutional rememberings. *Culture & Psychology, 7*(2), 123-144.

Miettinen. (1999). The riddle of things: Activity theory and actor-network theory as approaches to studying innovations. *Mind, Culture & Activity, 6*(3), 170-195.

Mitchell, C., Strong-Wilson, T., Pithouse, K., & Allnutt, S. (Eds.). (2011). *Memory and pedagogy.* London & New York: Routledge.

Mollenhauer, K. (1981). Die Zeit in Erziehungsund Bildungsprozessen: Annäherungen an eine bildungstheoretische Fragestellung. *Die Deutsche Schule, 73,* 68-78.

Mollenhauer, K. (1986). *Umwege: Über Bildung, Kunst und Interaktion.* Weinheim, Germany: Juventa.

Morss, J. (1990). *The biologising of childhood: Developmental psychology and the Darwinian myth.* Hove & East Sussex, UK: Erlbaum.

Morss, J. (1996). *Growing critical: Alternatives to developmental psychology.* London: Routledge.

Nietzsche, F.W. (1990). *The Anti-Christ* (M. Tanner, Introduction, R. J. Hollingdale, Trans.). London: Penguin (Original work published 1895)（ニーチェ, F. W.（1991）.『偶像の黄昏——アンチクリス』（西尾幹二, 訳）白水社.）

Nietzsche, F. W. (2005). *Thus spoke Zarathustra* (G. Parkes, Trans.). New York: Oxford University Press. (Original work written 1883-1885/ published 1891)（ニーチェ, F. W.（2015）.『ツァラトゥストラかく

語りき』（佐々木中，訳）河出書房新社．）

Nolan, M. K. (2001). "Opposition machen wir!" — Youth and the contestation of civic and political legitimacy in Germany. *Childhood: A Global Journal of Child Research, 8*(2), 293-312.

Oelkers, J. (1980). Der Gebildete, der Narziss und die Zeit. *Neue Politische Literatur, XXV*(4), 423-442.

Ondetti, G. (2006). Repression, opportunity, and protest: Explaining the take off of Brazil's Landless Movement. *Latin American Politics and Society, 48*(2), 61-94.

Papadopoulos, D. (1999). *Lew S. Wygotski: Werk und Wirkung*. Frankfurt am Main, Germany: Campus.

Papadopoulos, D. (2003). The ordinary superstition of subjectivity: Liberalism and technostructural violence. *Theory & Psychology, 13*(1), 73-93.

Papadopoulos, D. (2005). Editorial: Psychology and the political. *Critical Psychology, 12,* 1-5.

Papadopoulos, D., Stephenson, N., & Tsianos, V. (2008). *Escape routes: Control and subversion in the twenty-first century*. London: Pluto Press.

Pape, H. (Ed.). (1988). *C. Peirce: Naturordnung und Zeichenprozess: Schriften über Semiotik und Naturphilosophie*. Aachen, Germany: Alano Rader.

Peirce, C. (1958). *Values in a universe of chance: Selected writings of Charles S. Peirce*. Garden City, New York: Doubleday.

Perret-Clermont, A. N. (2005). *Thinking time: A multidisciplinary perspective on time*. Göttingen, Germany: Hogrefe & Huber.

Perret-Clermont, A. N., & Lambolez, S. (2005). Time, mind and otherness. In A. N. Perret-Clermont (Ed.), *Thinking time: A multidisciplinary perspective on time* (pp.1-14). Göttingen, Germany: Hogrefe & Huber.

Perret-Clermont, A.-N., & Lambolez, S. (2006). Quelques facettes du temps en psychologie. In J. Royer, A.-N. Perret-Clermont, & F. Romerio (Eds.), *La perception du temps* (pp.87-94). Geneve, Switzerland: Centre Universitaire d' Etude des Problemes de l' Energie.

Piaget, J. (1987). *Possibility and necessity*. Minneapolis: University of Minnesota Press.

Piaget, J. (1970). *The child's conception of movement and speed*. (G. E. T. Holloway & M. J. Mackenzie, Trans.). London: Routledge & K. Paul. (Original work published 1946)

Pizetta, J. A., & Souza, A. P. (2005a). Caminhar É Preciso: Os Passos Dados Instigam a Continuar a Marcha. In A. P. Souza, J. A. Pizetta, H. Gomes & D. Casali (Eds.), *A Reforma Agrária e o MST no Espirito Santo* (pp.147-171). Vitória, ES, Brazil: Secretaria Estadual Movimento Sem Terra.

Pizetta, J. A., & Souza, A. P. (2005b). Entre luta, esperança e utopia: A caminhada do MST no ES no Periodo de 1984 a 2005. In A. P. Souza, J. A. Pizetta, H. Gomes & D. Casali (Eds.), *A reforma agrária e o MST no Espirito Santo* (pp.73-146). Vitória, ES, Brazil: Secretaria Estadual Movimento Sem Terra.

Pomian, K. (1984). *L'ordre du temps*. Paris: Gallimard.

Pourkos, M. (2006). The role of socio-historical-cultural context in the interpretation and understanding of the Columbine tragedy: Towards an Eco-bodilyexperiential approach. In M. Pourkos (Ed.), *Socio-historical and cultural approaches in psychology and education* (pp.573-596). Athens, Greece: Atrapos (in Greek).

Pressley, M. & Roehrig, A. (2003). Educational Psychology in the Modern Era: 1960 to the Present. In: B. Zimmerman & D. Schunk (Eds), *Educational Psychology: A Century of Contributions,* (pp.333-367). New York: Routledge.

Puzyrei, A. A. (2007). Contemporary psychology and Vygotsky's cultural-historical theory (L. Bliss, Trans.). *Journal of Russian and East European Psychology, 45*(1), 8-93. (original work published 2005).

Reinmann, G. (2006). Understanding e-learning: An opportunity for Europe? *European Journal of Vocational Training, 2*(38), 25-38.

Rose, N. (1999). *Powers of freedom: Reframing political thought*. Cambridge, UK: Cambridge University Press.

Roth, W.-M. (2007a). Emotion at work: A contribution to third-generation cultural-historical activity theory. *Mind, Culture & Activity, 14*(1-2), 40-63.

Roth, W.-M. (2007b). On mediation: Toward a cultural-historical understanding. *Theory & Psychology, 17*(5),

655-680.

Roth, W.-M. (2008). Knowing, participative thinking, emoting. *Mind, Culture & Activity, 15,* 12-17.

Roth, W.-M., & Tobin, K. (2002). Redesigning an "Urban" Teacher Education Program: An Activity Theory Perspective. *Mind, Culture, and Activity, 9*(2),108-131.

Sandbothe, M. (1998). *Die Verzeitlichung der Zeit.* Darmstadt, Germany: Wissenschaftliche Buchgesellschaft.

Sandlin, J. A., & McLaren, P. (2009). *Critical pedagogies of consumption: Living and learning in the shadow of the "shopocalypse."* New York & London: Routledge.

Santel, A. (2011). Qualifizierungskonzepte in der beruflichen Benachteiligtenförderung. In U. Buchmann, E. Diezemann, R. Huisinga, S. Koehler, & T. Zielke (Eds.), *Internationale Perspektiven der Subjektentwicklungsund Inklusionsforschung* (pp.16-39). Frankfurt am Main, Germany: Verlag der Gesellschaft zur Foerderung arbeitsorientierter Forschung und Bildung.

Schleiermacher, F., & Weniger, E. (1957). *Pädagogische Schriften: 1: Die Vorlesungen aus dem Jahre 1826.* Düsseldorf: Küpper. (Original work published 1826)

Schütz-Foerste, M. G., Duarte-Schneider, L. M., & Foerste, E. (Eds.). (2008). *Projeto politico-pedagógico da Educação do Campo/ Por uma Educação do Campo* (Vol. 6). Vitória, Brazil: PRONERA na Região Sudeste.

Sigaud, L. (2008). A collective ethnographer: Fieldwork experience in the Brazilian Northeast. *Social Science Information, 47*(1), 71-97.

Simons, H. (1980). *Towards a science of the singular: Essays about case study in educational research and evaluation.* Norwich, UK: University of East Anglia, Centre for Applied Research in Education.

Sonigo, P., & Stengers, I. (2003). *L'évolution.* Paris: EDP Sciences.

Sorokin, P. A., & Merton, R. K. (1937). Social time: A methodological and functional analysis. *American Journal of Sociology, 5,* 615-629.

Spielberg, S. (1993). Schindler's list. [Film]. Universal City, CA, US: Universal Pictures.

Spinoza, B. de (1994). *A Spinoza reader: The Ethics and other works* (E.M. Curley, Trans.). Princeton, NJ: Princeton University Press. (Originally published in 1677)

Stephenson, N., & Papadopoulos, D. (2006). *Analysing everyday experience: Social research and political change.* London: Palgrave Macmillan.

Stetsenko, A. (2004). Introduction to "Tool and sign in the development of the child." In R. Rieber (Ed.), *The essential Vygotsky* (pp.501-512). New York: Kluwer Academic & Plenum.

Stetsenko, A. (2005). Activity as object-related: Resolving the dichotomy of individual and collective planes of activity. *Mind, Culture & Activity, 12*(1), 70-88.

Stetsenko, A. (2008). From relational ontology to transformative activist stance on development and learning: Expanding Vygotsky's (CHAT) project. *Cultural Studies of Science Education 3*(2), 471-491.

Stetsenko, A. (2010). Teaching-learning and development as activist projects of historical Becoming: Expanding Vygotsky's approach to pedagogy. *Pedagogies: An International Journal, 5*(1), 6-16.

Stetsenko, A. (2012). Personhood: An activist project of historical becoming through collaborative pursuits of social transformation. *New Ideas in Psychology, 30*(1), 144-153.

Surd-Büchele, S. (2011). *Tagebuch: Schreiben und Denken. Beiträge zu einer empirischen Verhältnisbestimmung.* Unpublished doctoral dissertation, Ludwig-Maximilians-Universität München: München, Germany.

Tarde, G. D. (1999). *L'opposition universelle essai d'une theorie des contraires.* Le Plessis-Robinson: Institut Synth. pour le Progres de la Connaissance. (Original work published 1897)

Tavares, J. (2009). Um novo momento: Interview for the 25 years of MST with João Pedro. *Jornal dos Trabalhadores Rurais Sem Terra/ Edição Especial: MST 25 Anos 1984-2009,* pp.4-5.

Thapliyal, N. (2006). *Education, civil society, and social change: A case study of a Brazilian social movement.* Dissertation, University of Maryland.

Thurn, S. & Tillmann, K.-J. (Eds) (2005). *Laborschule — Modell für die Schule der Zukunft.* Bad Heilbrunn: Julius Klinkhardt.

Valsiner, J. (1994a). Bi-directional cultural transmission and constructive sociogenesis. In W. D. Graaf & R.

Maier (Eds.), *Sociogenesis reexamined* (pp.101-134). New York: Springer.

Valsiner, J. (1994b). Irreversibility of time and the construction of historical developmental psychology. *Mind, Culture & Activity, 1*(1-2), 25-42.

Valsiner, J. (2001). Process structure of semiotic mediation in human development. *Human Development, 44,* 84-97.

Valsiner, J., & Van der Veer, R. (1991). The encoding of distance: The concept of the "zone of proximal development" and its interpretations. In R. R. Cocking & K. A. Renninger (Eds.), *The development and meaning of psychological distance* (pp.35-62). Hillsdale, NJ: Erlbaum.

van der Veer, R., & Yasnitsky, A. (2011). Vygotsky in English: What still needs to be done. *Intergrative Psychological and Behavioral Science, 45*(4), 475-493.

van Oers, B., Elbers, E., Wardekker, W., & van der Veer, R. (Eds.). (2008). *The transformation of learning: Advances in cultural-historical activity theory.* Cambridge, UK & New York: Cambridge University Press.

Vasiliuk, F. E. (1992). *The psychology of experiencing: The resolution of life's critical situations.* New York: New York University Press. (Original work published 1984)

Venn, C. (2009). Identity, diasporas and subjective change: The role of affect, the relation to the other, and the aesthetic. *Subjectivity, 26,* 3-28.

Veresov, N. (1999). *Undiscovered Vygotsky: Etudes on the pre-history of cultural-historical psychology.* Frankfurt am Main, Germany & New York: Peter Lang.

Veresov, N. (2004). Zone of proximal development (ZPD): The hidden dimension? In A.-L. Ostern & R. Heilä-Ylikallio (Eds.), *Language as culture: Tensions in time and space* (pp.13-30). Vaasa, Finland: ABO Akademic.

Veresov, N. (2010). Introducing cultural-Historical theory: Main concepts and principles of genetic research methodology. *Cultural-historical psychology, 4,* 83-90.

Vygodskaja, G., & Lifanova, T. (2000). *Lev Semjonovic Vygotskij: Leben, Tätigkeit, Persönlichkeit* (Lompscher, J. Trans.). Hamburg, Germany: Kovac. (Original work published 1996)

Vygotsky, L. (1978). *Mind in society: The development of higher psychological processes* (M. Cole, John-Steiner, V., Scribner, S. & Souberman, E., Ed.). Cambridge, MA: Harvard University Press.

Vygotsky, L. S. (1971). *The psychology of art* (N. Schmolze, Trans.). Cambridge, MA: MIT Press. (Original work 1925)（ヴィゴツキー, L. S. (2001).『芸術心理学（新訳版）』（柴田義松, 訳）学文社.）

Vygotsky, L. S. (1987). Thinking and speech (N. Minick, Trans.). In R. Rieber (Ed.), *The collected works of Vygotsky: Vol. 1. Problems of general psychology* (pp.39-288). New York & London: Plenum. (Original work 1934)

Vygotsky, L. S. (1994). The problem of the environment (R. van d. Veer & T. Prout, Trans.). In R. van d. Veer & J. Valsiner (Eds.), *The Vygotsky reader* (pp.338-354). Oxford, UK & Cambridge, UK: Blackwell. (Original work 1935)

Vygotsky, L. S. (1994). The socialist alteration of Man (R. van d. Veer & T. Prout, Trans.). In R. van d. Veer & J. Valsiner (Eds.), *The Vygotsky reader* (pp.175-185). Oxford, UK & Cambridge, UK: Blackwell. (Original work 1934)

Vygotsky, L. S. (1997). The history of development of higher mental functions (M. Hall, Trans.). In R. Rieber (Ed.), *The collected works* (Vol. 4, pp.1-251). London & New York: Plenum. (Original work 1931)

Vygotsky, L. S. (1998). Child psychology (S. Sochinenij, Trans.). In R. Rieber (Ed.), *The collected works* (Vol. 5). New York & London: Plenum. (Original work 1930-1934)

Vygotsky, L. S. (1998). The problem of age (S. Sochinenij, Trans.). In L. S. Vygotsky (Ed.), *The collected works: Vol. 5. Child psychology* (pp.187-206). New York & London: Plenum. (Original work 1932-1934)

Vygotsky, L. S. (1999). The teaching about emotions: Historical-psychological studies (On the problem of the psychology of the actor's creative work; S. Sochinenij, Trans.). In R. Rieber & M. J. Hall (Eds.), *The collected works* (Vol. 6, pp.69-235). New York & London: Plenum. (Original work 1932-1934)

Vygotsky, L. S. (2005). *Concrete human psychology: An unpublished manuscript* (University of California, San

Diego, The Laboratory of Comparative Human Cognition). (Original work 1929) http://lchc.ucsd.edu/ MCA/Paper/ Vygotsky1986b.pdf (Accessed November 15, 2011)

Walkerdine, V. (1988). *The mastery of reason: Cognitive development and the production of rationality.* London: Routledge.

Walkerdine, V. (1990). *Schoolgirl fictions.* London & New York: Verso.

Walkerdine, V. (1993). Beyond Developmentalism? *Theory & Psychology, 3*(4),451-469.

Walkerdine, V. (1997). *Daddy's girl: Young girls and popular culture.* Cambridge, MA: Harvard University Press.

Walkerdine, V. (1998). *Counting girls out: Girls and mathematics.* London & Bristol, PA: Falmer Press.

Walkerdine, V., Lucey, H., & Melody, J. (2001). *Growing up girl: Psychosocial explorations of gender and class.* New York: New York University Press.

Whitehead, A. N. (1978). *Process and reality: An essay in cosmology.* New York: Free Press. (Original work published 1929)（ホワイトヘッド, A. N. (1981).『過程と実在 —— コスモロジーへの試論』（平林康之, 訳）みすず書房.）

Wiesel, E. (2006). *Night* [Original Title: Un di Velt Hot Geshvign (M. Wiesel, Trans.)]. New York: Bantam Dell. (Original work published 1960)（ヴィーゼル, E. (2010).『夜』（村上光彦, 訳）みすず書房.）

Willis, P. (1981). *Learning to labour: How working class kids get working class jobs.* New York: Columbia University Press.（ウィリス, P. (1996).『ハマータウンの野郎ども —— 学校への反抗・労働への順応』（熊沢誠・山田潤, 訳）ちくま学芸文庫.）

Wolford, W. (2004). This land is ours now: Spatial imaginaries and the struggle for land in Brazil. *Annals of the Association of American Geographers, 94*(2), 409-424.

Wulf, C. (2002). *Anthropology of Education.* Münster, Germany & New York: Lit.

Wulf, C. (2003). *Educational science: Hermeneutics, empirical research, critical theory.* Münster, Germany & New York: Waxmann.

Wulf, C. (2006). *Anthropologie kultureller Vielfalt: Interkulturelle Bildung in Zeiten der Globalisierung.* Bielefeld, Germany: transcript.

Wulf, C. (Ed.). (2007). *Lernkulturen im Umbruch: Rituelle Praktiken in Schule, Medien, Familie und Jugend.* Wiesbaden, Germany: Verlag für Sozialwissenschaften.

Wulf, C., Göhlich, M., & Zirfas, J. (Eds.). (2001). *Grundlagen des Performativen: eine Einführung in die Zusammenhänge von Sprache, Macht und Handeln.* Weinheim, Germany: Juventa.

Wulf, C., & Merkel, C. (Eds.). (2002). *Globalisierung als Herausforderung der Erziehung.* Munster: Waxmann.

Wulf, C., Triki, F., & Poulain, J. (Eds.). (2009). *Erziehung und Demokratie.* Berlin, Germany: Akademie Verlag.

Wulf, C., & Weigand, G. (2011). *Der Mensch in der globalisierten Welt. Anthropologische Reflexionen zum Verständnis unserer Zeit. Christoph Wulf im Gespräch mit Gabriele Weigand.* Münster, Germany & New York: Waxmann.

Wulf, C., & Zirfas, J. (Eds.). (2004). *Die Kultur des Rituals: Inszenierungen, Praktiken, Symbole.* München, Germany: Fink.

Wulf, C., & Zirfas, J. (Eds.). (2007). *Pädagogik des Performativen. Theorien, Methoden, Perspektiven.* Weinheim, Germany & Basel, Switzerland: Beltz.

Zajda, J., & Geo-JaJa, M. A. (Eds.). (2010). *The politics of education reforms.* Dordrecht: Springer.

Zizek, S. (1997). *The plague of fantasies.* London & New York: Verso.（ジジェク, S. (1999).『幻想の感染』（松浦俊輔. 訳）青土社.）

Zizek, S. (2011). *Living in the end times.* London & New York: Verso.（ジジェク, S. (2012).『終焉の時代に生きる』（山本耕一, 訳）国文社.）

索　引

著者紹介

ミカリス・コントポディス

リーズ大学　グローバル時代の子ども・若者研究センター教授
Chair in Global Childhood and Youth Studies at the University of Leeds.
心理学、人類学、教育学をバックボーンにした研究を行う。両親が大学の学位をもたない第一世代学生でもあるコントポディス教授は，教育と若者の未来に関する国際的な研究プロジェクトをリードしている。彼の著作、編集本、学術論文は、英語、ドイツ語、フランス語、ギリシャ語、ポルトガル語、ロシア語で出版されている。本書は彼の著作の初の日本語翻訳となる。

訳者紹介

北本遼太 (きたもと　りょうた)【謝辞、序章、第1章、第2章、幕間、付録】

浜松学院大学短期大学部講師／任意団体荒川出版会副会長。博士（心理学）。専門は、発達心理学、社会物質性アプローチ。主要著作：北本遼太・茂呂雄二 (2020).「交換形態論」の再評価と「パフォーマンスとしての交換」への拡張 —— 学習のアレンジメント形成における感情の役割. 認知科学 , 27(1), 44-62. など。

広瀬拓海 (ひろせ　たくみ)【第3章、エピローグに代えて、幕を閉じて】

独立研究者。博士（心理学）。専門は、学習・発達心理学、社会物質性アプローチ。主要著作：Hirose, T. & Moro, Y. (2019). Socio-material arrangements of impoverished youth in Japan: Historical and critical perspectives on neoliberalization. *Mind, Culture, and Activity, 26*, 156-170. など。

仲嶺真 (なかみね　しん)【第4章】

東京未来大学モチベーション行動科学部特任講師／任意団体荒川出版会会長。博士（心理学）。専門は、心理学論、恋愛論。主要著作：Nakamine, S. (2021). Challenges marriage-hunting people face: Competition and excessive analysis. *Japanese Psychological Research, 63*(4), 380-392. など。

新自由主義教育からの脱出
子ども・若者の発達をみんなでつくる

初版第 1 刷発行　2023年 5 月25日

著　者　ミカリス・コントポディス
訳　者　北本遼太・広瀬拓海・仲嶺真
発行者　塩浦　暲
発行所　株式会社　新曜社
　　　　101-0051　東京都千代田区神田神保町 3 - 9
　　　　電話（03）3264-4973（代）・FAX（03）3239-2958
　　　　e-mail : info@shin-yo-sha.co.jp
　　　　URL : https://www.shin-yo-sha.co.jp

組　版　Katzen House
印　刷　新日本印刷
製　本　積信堂